JEAN DE BLOCH

ÉVOLUTION DE LA GUERRE

ET DE LA PAIX

IV

Résultats Économiques et Financiers

Extrait de l'ouvrage en 6 volumes ayant pour titre :

LA GUERRE

Aux points de vue technique, économique et politique

PARIS

IMPRIMERIE PAUL DUPONT

4, RUE DU BOULOI, 4

1899

ÉVOLUTION DE LA GUERRE ET DE LA PAIX

Jean de BLOCH

ÉVOLUTION DE LA GUERRE

ET DE LA PAIX

IV

Résultats Économiques et Financiers

Extrait de l'ouvrage en 6 volumes ayant pour titre :

LA GUERRE

Aux points de vue technique, économique et politique

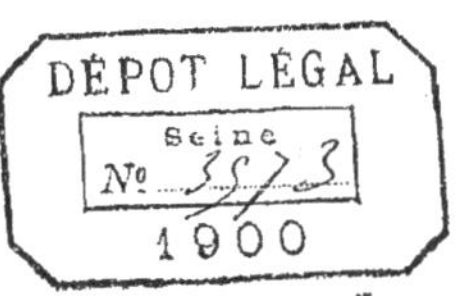

PARIS

IMPRIMERIE PAUL DUPONT

4, Rue du Bouloi, 4

1899

RÉSULTATS ÉCONOMIQUES
ET FINANCIERS

Revue
des difficultés
économiques qui
se produiront
en cas
de guerre,
dans les
États européens.

La question des troubles économiques et sociaux, qu'amènerait un conflit entre les États européens, n'a pas jusqu'ici suffisamment attiré l'attention et reste encore obscure. Cela provient en partie des rapides modifications qui, depuis la dernière guerre, se sont produites dans les conditions matérielles de l'existence et dans les tendances morales des masses, — modifications au milieu desquelles il n'est pas facile de se reconnaître. En moins d'un quart de siècle, il s'est effectué, à ces deux points de vue, des changements si importants, que les expériences des luttes passées ne peuvent servir, ici, de critérium.

L'exemple même des campagnes les plus récentes ne fournit pas de données permettant de juger de l'étendue des troubles économiques qui sont à craindre aujourd'hui. Les guerres de 1866, 1870 et 1877-78 n'ont pas été des chocs entraînant l'Europe tout entière. Mais depuis que les grandes puissances continentales se sont partagées en deux camps tout prêts à se jeter l'un contre l'autre, la lutte ne peut plus se localiser sur une frontière quelconque et doit fatalement s'étendre d'un bout à l'autre du continent.

Dans les dernières campagnes aussi, les armées, à l'exception de l'armée prussienne, se composaient principalement de vieux soldats; maintenant, au contraire, la plus grande partie des forces militaires sera formée d'hommes de la réserve, soldats et officiers, qui, jusqu'au moment de la guerre, se seront livrés à des occupations pacifiques.

Pour les personnes qui se sont occupées des questions économiques et pour celles, entre autres, qui étudient les lois de la production et de la consommation, il est parfaitement clair que l'enlèvement brusque au travail producteur d'énormes contingents d'ouvriers doit amener un trouble économique inouï. Malheureusement, les écrivains militaires et même les hommes d'État, qui ne semblent vouloir s'imposer aucune limite quant au besoin de forces militaires, perdent de vue cette considération essentielle.

Les phénomènes économiques que doit faire naître la guerre future constituent quelque chose d'absolument sans exemple jusqu'ici. Aux temps passés n'existaient pas encore ces procédés de guerre maritime qui sont basés directement sur l'interruption des approvisionnements, de la vente et de toutes les communications maritimes.

En outre, depuis la campagne de 1870, il s'est déjà manifesté de très importants phénomènes : une extension nouvelle, énorme, de la production, des moyens de communication, des relations internationales, commerciales et financières et, en même temps, une réaction d'ordre économique exercée sur l'Europe par la grande république de l'Amérique du Nord. Le colossal développement de ses produits et le danger de sa concurrence pour l'Europe paralysée par la guerre constituent un fait sur lequel on a précédemment trop peu réfléchi dans le Vieux Monde, mais avec lequel il faut déjà compter aujourd'hui.

En présence de cet état de choses, c'est une nécessité de premier ordre, pour l'avenir même de l'Europe, de connaître l'étendue des misères et des pertes économiques inséparables de la guerre future.

L'idée de cette guerre éveille en tout pays une crainte générale. Mais cette crainte serait encore bien plus forte, si tout le monde se rendait nettement compte de la crise économique qu'une nouvelle lutte déterminerait en Europe, et si l'on comprenait combien cette crise surpasserait toutes celles dont furent accompagnées les guerres précédentes, pour entraîner peut-être, comme dernière conséquence, jusqu'à la ruine totale de l'ordre social actuel.

Modifications du caractère des luttes futures. Une des causes essentielles qui doivent modifier le caractère des luttes futures, c'est l'organisation même des forces militaires actuelles. Lors des dernières guerres encore, les armées, à l'exception de celle de la Prusse, se composaient principalement de professionnels. Maintenant, au contraire, la plus grande partie des troupes sera formée de réservistes, tant officiers qu'hommes de troupe, qui, jusqu'au moment de la guerre, se seront adonnés à des occupations pacifiques. Dans les classes âgées rappelées à servis, se trouveront des pères de famille arrachés au travail par lequel ils soutenaient leurs proches.

En appelant ainsi brusquement des milliers d'ouvriers sous les drapeaux on enlèvera, dans chaque grand pays, une multitude de rouages au mécanisme compliqué de l'organisme national.

L'effet sera d'autant plus grand que, pour beaucoup des individus ainsi repris par l'armée, l'interruption du travail ne sera pas seulement temporaire. Outre ceux qui resteront sur les champs de bataille, les maladies feront de nombreuses victimes, et beaucoup se verront mis par leurs blessures dans l'impossibilité de reprendre leur métier.

Enfin, par suite du perfectionnement des moyens de destruction, la guerre se présentera sous un aspect plus effrayant qu'autrefois.

Il est donc presque hors de doute — pour peu que les masses ne soient pas sous l'influence de quelque excitation particulière comme, par exemple, l'aspiration vers l'unité allemande en 1870 — que l'annonce de la mobilisation fera naître, surtout dans les « classes » les plus anciennes, un sentiment très vif de mécontentement.

Mais il est encore d'autres causes qui peuvent rendre difficile l'appel, pour la guerre, de tous les réservistes inscrits sur les contrôles.

Impossible, notamment, de ne pas songer aux embarras économiques qu'entraînerait après lui, surtout dans les pays où l'industrie est le plus développée, le brusque enlèvement d'une quantité d'ouvriers et de pères de famille à leurs occupations et à leurs devoirs.

Il n'est pas besoin d'un examen détaillé de la question pour démontrer que les embarras causés par la mobilisation de tous les réservistes inscrits atteindront leur maximum dans les pays où l'on appellera la plus forte proportion d'hommes ayant des occupations commerciales ou industrielles et, en général, des occupations en rapport étroit avec le cours habituel de la vie sociale. Tandis qu'inversement ces embarras seront moindres dans les régions où le pour cent des appelés de cette catégorie sera moindre, où l'organisation même des rapports sociaux sera établie sur des bases plus simples et plus patriarcales.

En 1884, dans les pays d'Europe, il y avait en moyenne, pour une population de 1,000 âmes des deux sexes, 28,1 personnes soumises aux obligations militaires; en 1891, cette proportion était déjà montée à 46,3 soldats pour 1,000 âmes, — c'est-à-dire qu'elle s'était augmentée de 64 0/0 en 7 années.

Si nous comparons l'effectif des troupes de terre prévu pour le temps de guerre, avec le chiffre de la seule population masculine entre les âges de 20 et 50 ans, nous trouvons les rapports suivants :

En Allemagne. 37 0/0
En Autriche . . . . 27 »
En France . . . . 45 »
En Russie . . . . 20,1 »

D'où l'on voit que c'est la France qui, pour mettre son armée sur le pied de guerre, a besoin d'enlever le plus grand nombre d'hommes à la

Embarras
économiques
provenant de la
mobilisation.

partie productive de la population. — Puis vient l'Allemagne, ensuite l'Autriche, et enfin la Russie. — Cette dernière, pour mobiliser ses troupes, n'a besoin d'enlever à la population mâle qu'un pour cent deux fois plus faible que l'Allemagne — et moindre encore comparativement à la France.

En d'autres termes, si l'on prend le chiffre de 4 millions et demi d'hommes comme représentant l'effectif de l'armée russe sur le pied de guerre ; si l'on admet que cet effectif ait été entièrement consommé aux cours des hostilités et que, par suite, un second effectif de 4 millions et demi d'hommes ait été appelé sous les drapeaux, c'est seulement alors que le rapport entre le chiffre de la population mâle et celui de l'armée sur pied de guerre se rapprocherait en Russie de ce qu'il est maintenant en France.

Nous avons parlé de l'étendue des pertes que la seule mobilisation causerait aux particuliers et à la production d'un pays. Mais il n'est pas facile de se représenter celles qu'entraînera la guerre elle-même, en raison l'actuelle complication du mécanisme économique national, et de la division du travail poussée jusqu'à ses dernières limites. On comprend aisément que plus élevée sera la culture d'un pays et plus complexe son appareil économique, plus grande sera la perte occasionnée par l'interruption de son fonctionnement et plus énormes seront les dommages subis par la richesse nationale.

Ces pertes seront évidemment plus considérables dans les pays où la majorité de la population est employée au travail industriel et commercial, et moins importantes dans ceux à population principalement agricole.

Chez l'agriculteur appelé sous les drapeaux, il reste toujours quelque réserve de provisions pour sa famille. Et les travaux d'exploitation rurale, bien que souffrant de l'absence du propriétaire, ne sont pas cependant tout à fait interrompus, comme l'est au contraire le salaire dont vivait la famille de l'ouvrier d'industrie appelé à l'armée.

Ajoutons que moins est élevé le niveau de la culture agricole et moindre est l'importance du dommage qu'elle éprouve par l'absence du cultivateur. En Russie, par exemple, où une grande partie des terres se trouvent à l'état de biens communaux, la communauté veille elle-même à ce que les parts des familles demeurées sans chef et même sans ouvriers soient cultivées avec l'aide du *mir* (1). Aussi, dans ce pays, le cultivateur particulier, petit ou gros, appelé au service, risque-t-il moins de voir péricliter sa propriété, précisément en raison des conditions primitives de la culture.

Il en est tout autrement pour le paysan appelé au service en Italie ou

---

(1) Ce mot russe *mir*, qui signifie litt. *monde*, s'emploie aussi pour désigner, dans un village, l'assemblée communale et la communauté des paysans.

dans le Sud de la France, qui non-seulement cultive lui-même sa terre — avec l'aide d'ouvriers à gages — mais encore s'occupe de la fabrication du vin, de la soie, de l'huile, etc.

Mais c'est dans les pays où l'industrie et le commerce sont fortement développés que la guerre doit amener les plus graves embarras économiques.

Par suite de l'interruption des communications, de la diminution de la vente, de la restriction du crédit, il pourra se produire, dans la fabrication, un arrêt et quelquefois une cessation complète du travail : ce qui mettra immédiatement une grande partie de la population dans la situation la plus précaire.

Danger d'autant plus grand que, dès le début même de la guerre — comme on le verra plus loin — doit se manifester un renchérissement des denrées qui ne fera qu'augmenter au fur et à mesure que s'épuiseront les ressources pécuniaires de la population.

En même temps, aussitôt la guerre déclarée ou commencée de fait, devra se manifester une forte dépression de la valeur de tous les papiers nationaux, de commerce et d'industrie, et le taux de l'escompte augmentera.

Et plus l'industrie et le commerce seront développés dans un pays, plus important sera le nombre des faillites. De sorte que la guerre n'amènera pas seulement la baisse du crédit national, mais la destruction du crédit particulier dans toutes les classes de la population.

Après ces explications, voyons quelle sera la situation dans chaque pays en particulier.

Les données statistiques montrent que les produits de l'agriculture — qui occupe, en Russie, 86 0/0 de la population — n'entrent que pour 52,5 0/0 dans son revenu total ; tandis qu'en Allemagne, où la classe agricole ne représente que 37 0/0 de la population, l'agriculture donne 35,5 0/0 du revenu total du pays.

En France, cette classe agricole est d'environ 42 0/0 de la population, et près de 40 0/0 (39,6 0/0) du revenu total du pays provient de l'agriculture.

En Autriche-Hongrie, une population rurale de 49 0/0 ne fournit que 48,4 0/0 des revenus.

Enfin en Russie, le nombre des paysans est très élevé comparativement à la part contributive de l'agriculture au revenu total du pays ; ou, si l'on aime mieux, la terre ne fournit qu'un revenu très faible relativement au nombre d'individus qui la cultivent.

Il résulte de là que les pays les plus sérieusement menacés par les pertes que la guerre entraîne après elle sont l'Allemagne d'abord et ensuite la France, comme étant ceux où l'industrie, les mines et le commerce contribuent pour la plus grande part à la constitution du revenu total.

.: La Russie et l'Autriche se trouvent, à ce point de vue, dans une situation assez semblable.

Enfin le pays où la perturbation économique causée par la guerre semble devoir être la moindre, serait l'Italie, — quoique cette contrée puisse souffrir plus que l'Autriche et la Russie de la restriction du commerce et que la suspension de la navigation doive lui causer des pertes plus sensibles qu'à aucune autre des grandes puissances continentales. Mais, vu la faiblesse relative de son industrie, elle perdra, de ce côté, une part moindre de son revenu que les autres États.

<table>
<tr><td>La baisse
des valeurs.</td><td>La pensée de la guerre cause dans tous les pays une inquiétude générale. Mais on la ressentirait à un bien plus haut degré encore, si l'on se rendait clairement compte à quel point la crise économique, qu'un nouveau conflit armé déterminerait en Europe, surpasserait celles que de tels événements amenaient autrefois.</td></tr>
</table>

On peut s'en faire une idée en songeant à la panique qui se répandit dans tout le monde financier quand, en 1886, on put craindre un moment de voir éclater la guerre entre la France et l'Allemagne. Ce fut, suivant la pittoresque expression d'un spécialiste (1), ce fut comme « un cyclone qui balaya tous les marchés de l'Ouest de l'Europe, même ceux de pays, tels que le Portugal, qui semblaient devoir se trouver en dehors de la sphère d'influence d'une guerre franco-allemande. L'ébranlement se fit même sentir par delà l'océan Atlantique ».

Et le même auteur observe que le trouble financier fut plus intense et se répandit sur une plus grande étendue de pays qu'au moment de la guerre de 1870.

Nous ajouterons que l'effet inévitable d'une telle panique pourrait bien être une des plus sûres garanties du maintien de la paix.

En tous cas, il ne saurait y avoir, sous ce rapport, de comparaison possible avec les temps passés. Attendu que l'état actuel des relations sociales est plus différent peut-être de ce qu'il était au siècle dernier, que le fusil à petit calibre ne diffère de l'arbalète du moyen âge.

Le mouvement du commerce du monde, l'énorme accroissement du crédit, tant national que privé, et une foule d'autres circonstances économiques ont amené en très peu de temps des changements très considérables.

. Pour se rendre compte de l'étendue des pertes que causerait la guerre en déterminant une panique sur le marché des valeurs, il faut se rappeler

---

(1) Alfred Neymarck, *Les dettes publiques européennes.*

que le montant des émissions annuelles survenues depuis 1871 jusqu'à 1892 se chiffre par 151 milliards de francs — tandis que le montant de toutes les valeurs émises jusqu'en 1871 se chiffre en tout par 100 et quelques milliards de francs.

D'après la nature des papiers émis, le total ci-dessus se décompose de la manière suivante : émissions d'État et des villes : 70 milliards de francs; émissions des établissements de crédits, des chemins de fer et des sociétés industrielles : 78 milliards de francs; divers : 3 milliards de francs.

Pour donner au moins une faible idée des conséquences que la simple déclaration de la guerre aurait pour le monde des affaires et pour toutes les classes de la population qui possèdent quelque chose, admettons que la baisse des valeurs qui en résulterait ne fût pas supérieure à celle qui se produisit en 1870, au début de la guerre franco-allemande.

Les cours des valeurs baissèrent à la Bourse de Berlin, en 1870, et notamment pour les emprunts d'État et des villes, de 20 0/0; pour les actions des banques, des chemins de fer et industrielles, de 35 0/0. — Nous obtenons exactement le résultat suivant de l'abaissement des valeurs :

Pertes des détenteurs de papiers :

Banques, chemins de fer, sociétés industrielles.	27,3
États et villes.	14
	41,3

Si nous appliquons en outre ce 0/0 de diminution aux seules valeurs émises jusqu'en 1871, c'est-à-dire à un total de 100 et quelques milliards de francs, la perte produite par la baisse des valeurs s'élèvera aussi à environ 28 milliards; nous aurons donc une baisse d'environ 60 milliards. — Il va de soi que cette perte se répartit très différemment entre les divers pays et propriétaires de ces valeurs. Elle atteint son maximum dans ceux où l'on réalise chaque année des épargnes qui sont placées en emprunts étrangers; donc en premier lieu en Angleterre, puis en France, en Hollande et en Allemagne.

Examinons maintenant les répercussions qui se produiront dans chaque pays.   **I. Allemagne.**

Pour se rendre compte des conséquences qu'au point de vue économique et social la guerre pourrait entraîner en Allemagne, il faut porter son attention sur la manière dont la population de ce pays est répartie entre les différentes professions, ainsi que sur le montant des recettes qu'elle réalise et des épargnes probables qu'elle constitue.

On répartit généralement la population en six groupes principaux dont l'importance relative est exprimée par les chiffres suivants :

I. Agriculture, exploitation forestière... . . . . .41.40 0/0
II. Mineurs, ouvriers du bâtiment, ouvriers des fa-
 briques, voies de communication, transports. . 40.08 »
III. Commerce.. 5.27 »
IV. Médecins, professeurs, clergé, administration, mi-
 litaires . . . . 4.27 »
V. Domestiques, journaliers. . . . . 4.30 »
VI. Sans profession régulière. . . . . 4.67 »

Le premier de ces groupes est celui dont les perturbations seraient relativement les moindres.

Le cinquième groupe — domestiques et journaliers — est aussi relativement garanti, parce qu'en raison même de la mobilisation, on manquerait de bras.

Le troisième groupe — commerce — peut encore être considéré comme indemne, parce que la guerre, en diminuant certains courants commerciaux, en fait en même temps naître d'autres. Mais, individuellement, les personnes appartenant à ce groupe éprouveront de graves embarras dans leurs affaires.

Le restant de la population, environ 50 0/0, éprouverait par contre des embarras insurmontables.

Ici se pose la question de savoir si, en Allemagne, ces 50 0/0 des classes laborieuses qui seront les plus éprouvées possèdent des épargnes qui puissent leur permettre de supporter la réduction et même la suppression momentanée de salaires que la guerre aurait pour conséquences.

L'accumulation de l'épargne dépend en partie, d'abord du caractère tant national qu'individuel, puis de l'élévation des salaires en temps normal. La tendance des Allemands à l'économie n'est pas douteuse ; mais une certaine partie de la population gagne des salaires si faibles qu'elle les consomme forcément pour ses besoins journaliers et on ne peut guère supposer qu'elle puisse constituer une épargne.

L'existence, en Prusse, de l'impôt sur le revenu et de la statistique qui s'y rapporte permet de savoir comment la population y est répartie, d'après le montant de son revenu. Et les conclusions ainsi obtenues pour la Prusse peuvent être appliquées à l'Allemagne en général.

Les chiffres que nous donnons ici se rapportent à l'année 1890.

	Nombre de personnes possédant les revenus indiqués (en 0/0 du chiffre de la population)	Chiffre moyen du revenu par personne
Revenus insuffisants.	40,11 0/0	197 marks.
— faibles.	54,05 0/0	276 —
— modérés	4,81 0/0	896 —
— suffisants.	1,03 0/0	2.781 —

Ainsi nous arrivons à trouver : d'abord 40 0/0 de la population appartenant à la catégorie des gens besogneux et 54 0/0 d'autres personnes dont les faibles revenus ne pourraient guère leur permettre de faire des économies — puisque le revenu moyen par individu n'est que de 197 marks par an dans la première de ces catégories et de 276 dans la seconde.

On est en droit de se demander de quoi vivront ces 94 0/0 de la population pendant la guerre.

Pour examiner cette question de plus près, répartissons encore le revenu en Allemagne entre les populations urbaine et rurale.

En 1866 encore, le revenu de la population urbaine ne représentait en Allemagne que 45 0/0 du revenu total, et la crise produite par une guerre n'aurait porté que sur 1,620 millions de marks.

Actuellement cette même crise menacerait, dans les revenus de la population urbaine, une somme de 3,878 millions de marks ; puisque ce n'est plus la moitié seulement, mais les deux tiers (68 0/0) du revenu national qui proviennent de l'industrie et du commerce.

De tout cela résulte une situation qui est loin d'être brillante, bien qu'un peu améliorée toutefois par cette circonstance qu'avec des revenus à peine suffisants, le montant de l'épargne présente néanmoins un total encore assez important.

Des études faites par nous dans le but de déterminer ce que pourront faire le gouvernement et la société elle-même pour diminuer la misère en présence d'une pareille situation montrent que le pouvoir sera presque nul, attendu que les classes aisées et le gouvernement même se trouveront dans une situation très critique.

Les épargnes réalisées par ces classes sont très importantes en Allemagne et les emprunts du gouvernement allemand sont presque entièrement placés dans le pays même.

Or, en cas de guerre, ils se produirait une forte panique dans les Bourses, et l'on verrait baisser fortement le prix des valeurs sur lesquelles sont placées une si grande partie de ces économies.

Pour subvenir aux frais de la lutte, il faudrait de nouveaux emprunts se montant à des milliards — puis d'autres milliards encore, au cas où l'on serait battu, quand il s'agirait de payer les contributions imposées par l'ennemi.

Mais, même en cas de succès, les emprunts émis pour la guerre ne pourront être placés qu'à bas prix. La certitude de la victoire n'est plus possible aujourd'hui, et la défaite pourrait entraîner la destruction de l'Empire allemand.

Il va de soi que les actions industrielles baisseraient pendant les hostilités, encore plus que les fonds d'État.

Mais, outre ces deux genres de valeurs, il s'en trouve encore en Allemagne qui sont d'une provenance étrangère. Depuis que l'impôt du timbre a été mis sur celles de ces valeurs qui sont admises dans les Bourses allemandes, on sait quelle est la quantité de ces papiers présentés au timbre chaque année.

De 1882 à 1892, la somme totale atteignit 20,731 millions de marks, sur lesquels il en fut réellement timbré, c'est-à-dire officiellement admis en Bourse, pour une somme de 5,644 millions de marks — dont 2,948 millions provenant de pays qui pourraient prendre part à une guerre européenne, et ainsi répartis :

Russie	1.003 millions.
Italie	968
Autriche	660
Turquie	266
Serbie	57

Il est bien évident que toutes les valeurs ainsi timbrées en Allemagne ne sont pas restées en circulation dans le pays.

Mais si les unes en sont sorties, elles y ont été remplacées par d'autres; les capitaux locaux n'ayant pas cessé de rechercher les placements les plus avantageux possibles.

Or, l'existence d'une grande quantité de valeurs d'État ou industrielles, tant nationales qu'étrangères, dans un pays où la population des classes aisées est nombreuse, ou bien, ce qui revient au même, — où la société possède des épargnes importantes, — une telle situation augmente les risques que la guerre fait courir à ces différents pays et l'étendue de la crise dont elle serait le signal.

Ainsi donc, en Allemagne, une guerre malheureuse aurait pour conséquence une perte énorme sur les valeurs nationales déjà en cours et sur celles qui seraient émises pour faire face aux exigences de la lutte elle-même.

Mais, même si celle-ci était heureuse, la population allemande n'en subirait pas moins des pertes considérables par suite de la dépréciation des valeurs étrangères qu'elle possède actuellement, et qui proviennent précisément des pays belligérants éventuels.

II. Italie. En abordant le problème relatif aux conséquences que la guerre pourrait amener en Italie au point de vue économique et social, nous nous trouvons en présence de données très complexes.

L'Italie est un des pays les plus anciennement civilisés, et, en même temps, l'un des États les plus récemment constitués; puisque, depuis la proclamation du royaume d'Italie à la date du 17 mars 1861, il ne s'est écoulé que trente-cinq années.

Les conditions intérieures de chacune des parties de ce pays, aujourd'hui unifié, étaient et sont demeurées en partie très différentes. Si bien que les pertes occasionnées par la guerre pourraient d'une région à l'autre se manifester sous des formes très diverses, en raison de certaines particularités qui proviennent encore des siècles passés.

La transformation de tout l'organisme national, lors de la réunion d'une série de petits États en une grande puissance, a produit dans beaucoup de sphères sociales une transformation complète.

La population a cessé d'être exploitée par différents petits souverains et l'on a vu disparaître les obstacles politiques qui précédemment entravaient le progrès dans telles et telles branches de l'activité humaine.

L'industrie, le commerce, les moyens de communication ont pu prendre en Italie un grand développement.

Mais il fallut également former et entretenir une nombreuse armée et une flotte considérable, exécuter une masse de travaux d'édilité dans les villes, organiser l'instruction nationale et constituer un énorme mécanisme administratif.

De nouveaux besoins se sont manifestés. De grandes villes qui, jadis, avaient été des capitales, et même des villes moindres, jusqu'à des villages, ont voulu se donner une foule d'améliorations coûteuses : des rues, des bâtiments élevés à leurs propres frais. — Si bien que les budgets municipaux sont devenus une nouvelle et très importante charge pour les populations ; sans parler du budget local, c'est-à-dire afférent au gouvernement de chaque province.

Pour couvrir ces dépenses, on a eu recours à divers impôts sur les objets de consommation usuelle, impôts extrêmement lourds pour les classes pauvres.

Si, à ces nouvelles dépenses locales, indispensables pour ainsi dire à la réorganisation du pays, nous ajoutons les dépenses faites en vue de la guerre et pour l'entretien de grandes forces armées, puis les sacrifices financiers qu'a exigés l'abolition du cours forcé, les pertes causées par la crise commerciale, industrielle et agricole de ces dernières années, par les inondations, les tremblements de terre, les épidémies, etc.; si enfin nous portons notre attention sur l'état déplorable actuel des banques italiennes, nous serons forcés de convenir que les plaintes de la nation sur la désorganisation et les désordres administratifs du pays, ainsi que sur sa situation financière des plus déplorables, ne sont pas entièrement dépourvues de fondement.

Et réellement nous voyons des dettes extrêmement lourdes pour la population de l'Italie. Nous donnons ici, à titre de comparaison, des chiffres exprimant le montant de la dette nationale dans différents pays d'Europe, relativement au total du budget et à la population.

| | Les intérêts de la dette représentent : | |
	Par rapport au total du budget en 0/0	Par âme de la population en francs
En Prusse (1892-93). . . .	11,43 0/0	10,08
En Autriche (1892).	17,30 0/0	12,33
En Angleterre (1892-93). .	17,98 0/0	14,86
En Russie (1892)	27,48 0/0	9,80
En France (1892)	23,39 0/0	22,08
En Italie (1892-93).	28,43 0/0	18,16

Situation d'autant plus défavorable, semble-t-il, pour l'Italie, que, pour la plupart des dettes de ce pays, les paiements d'intérêt doivent être faits au dehors, par conséquent en or, et que le cours des fonds italiens dépend pour beaucoup des Bourses étrangères.

Pour se faire une idée des pertes que la guerre pourrait entraîner dans la situation financière et économique de l'Italie, il faut avant tout porter son attention sur les principales sources de recettes de l'État.

On doit observer que l'une des plus importantes ressources du gouvernement italien provenait des propriétés immobilières des congrégations religieuses confisquées par l'État après l'unification de l'Italie. Il en a été vendu depuis, à des particuliers, pour 602 millions de francs.

Par suite de cette aliénation, le revenu ordinaire des propriétés appartenant encore actuellement à l'État ne représente plus que 6 0/0 du total général des recettes. Et la principale source de ces recettes en Italie, comme dans les autres pays d'Europe, est constituée par les impôts qui frappent directement la population.

Ces impôts représentent 80 0/0 du budget total des recettes; et le principal d'entre eux, l'impôt sur le revenu, qui existe depuis 1866, s'élève maintenant à 13,20 0/0 de l'estimation des revenus privés provenant des valeurs mobilières.

Après lui, viennent l'impôt complémentaire sur les biens meubles et l'impôt sur le bâtiment.

Si l'on totalise le produit des impôts directs et indirects, on arrive à trouver qu'il représente actuellement une charge de 40,91 lires par âme de la population, tandis qu'en 1866 cette même charge n'était que de 18,50 lires. Elle a donc plus que doublé.

Le fisc, le gouvernement provincial et communal non seulement chargent, mais dévalisent littéralement la terre. L'impôt foncier, avec les centimes additionnels, absorbe un tiers entier du revenu de la terre; et l'impôt sur les bâtiments va, dans d'autres cas, jusqu'à 80 0/0 de ce qu'elle rapporte.

Le fardeau de l'impôt s'est accru depuis 1874 dans une proportion beaucoup plus grande que les ressources des imposés, et il a atteint cette limite extrême qu'il semble absolument impossible de dépasser.

La situation a surtout empiré depuis 1888 : certains impôts ayant augmenté depuis lors, sans que les autres diminuassent, tandis que la production du pays se restreignait en beurre, en riz, en seigle, en huile d'olive, en cocons de soie, etc.

Une grande partie des produits alimentaires consommés en Italie lui vient de l'étranger. La production du vin s'est seule accrue.

Les revenus de l'industrie et du commerce ne se sont augmentés, pendant une période de 12 années, que de 19 0/0.

Pour se faire une idée de la crise et des perturbations économiques qu'une grande guerre pourrait amener en Italie, dans l'existence d'une forte majorité de la population, il faut encore tenir compte de la très fâcheuse organisation agraire de ce pays, dans lequel, entre les propriétaires du sol et ceux qui le cultivent réellement, existe toute une catégorie d'intermédiaires en qualité de fermiers.

Et pendant que les besoins vont croissant parmi les populations agricoles, l'épargne, qui pourrait les aider à passer des moments difficiles, fait entièrement défaut, et une crise entraînerait aisément des désordres.

D'après Bodio, le salaire moyen d'un ouvrier rural adulte, en Italie, varie de 2 lires en été à 1 lire 1/2 en hiver ; mais, comme les travaux de la terre sont complètement interrompus pendant une partie de l'année, on peut évaluer à 1 lire seulement le salaire journalier moyen.

Quant à l'industrie italienne, jusqu'à l'unification du pays, elle était peu importante.

Mais la révolution de 1860 à 1870 a changé tout cela.

Il existe, au total, 739,889 patrons d'établissements industriels, dont 557,629 hommes et 182,260 femmes. Tandis qu'il y a 3,676,790 ouvriers dont 1,853,656 hommes et 1,823,134 femmes.

Les salaires sont très faibles, même dans l'industrie, et par suite de l'élévation des impôts, — surtout de ceux qui pèsent sur la consommation, — la population ouvrière vit dans la gêne la plus épouvantable.

Dans une étude anglaise sur l'état de cette population en Italie — à propos des grèves et du mécontentement qui régnait parmi elle, surtout dans les campagnes, — on arrive à conclure que le parti socialiste en Italie gagne constamment du terrain, que son organisation se renforce de

plus en plus, et que peut-être la direction des masses passera entre ses mains (1).

Grâce à la proximité où se trouvent des côtes les localités même les plus centrales de l'Italie, les transports et le commerce intérieur de ce pays se font surtout par mer. D'où il résulte qu'en cas de guerre l'industrie et le commerce italiens se trouveraient immédiatement arrêtés, et qu'une grande partie de la population serait brusquement privée de salaires. Or, comme en temps de paix déjà, beaucoup de gens en Italie ne peuvent se procurer du travail, et qu'en général le prolétariat y est très développé, un pareil événement pourrait amener de sérieux désordres.

Dans le journal *Il Sole*, le professeur Pederzolli dit que, sur 30 millions d'Italiens, 3 millions seulement sont en possession de revenus à peu près indépendants, et même que, sur ces 3 millions, il en est un million seulement dont le revenu excède 250 lires par an, c'est-à-dire le minimum strictement nécessaire à l'existence.

Il resterait donc, en tous cas, 27 millions d'êtres humains qui n'ont d'autres ressources que leurs salaires, et dont 3 millions n'ont aucune occupation déterminée, tandis qu'environ un demi-million ne comptent absolument que sur la charité publique.

Ajoutons que beaucoup d'individus vivent de ce que leur procurent les nombreux touristes qui visitent l'Italie et que, naturellement, ces gens-là se trouveraient privés de leurs salaires dès qu'une guerre viendrait arrêter l'afflux habituel des voyageurs étrangers.

Il n'y a pas de pays où les classes possédantes soient en moindre proportion qu'en Italie, comme on peut s'en assurer par la statistique suivante des successions :

Près de 57 0/0 des successions sont au-dessous de 1,000 lires ; 25 0/0 ne dépassent pas 4,000 lires et 10 0/0 vont jusqu'à 10,000 lires. Quant à celles qui dépassent ce dernier chiffre, elles ne représentent 8 0/0 du total.

L'épargne nationale n'est pas considérable en Italie, quoique la situation des caisses d'épargne y soit très rassurante et témoigne du tempérament remarquablement sobre et économe de la population.

A la fin de 1891, le nombre des déposants s'élevait à 2,119,961, et le montant des dépôts à un total d'environ 300 millions de lires, — soit en moyenne 142 par déposant, ce qui donne une proportion de 73 déposants par 1,000 âmes de population et un total de dépôts correspondant à 10 lires par habitant.

Mais dans le moment de crise qu'amènerait la guerre, le remboursement d'une telle somme de dépôts serait impossible.

---

(1) *Socialpolitisches Zentralblatt.* III Jahrgang, n° 30, 26 septembre 1892.

En outre, il faut observer qu'en Italie, comme en d'autres pays, les capitaux de tous les établissements et sociétés de bienfaisance sont placés en valeurs sur l'État. De ces valeurs, il ne se trouve guère en dehors du pays que des obligations de rente 5 0/0 au porteur dont, à la date du 30 juillet 1871, il avait été émis, en nombre rond, pour 4 milliards 800 millions de lires. Sur ce total, deux milliards se trouvaient dans les caisses publiques et autres de l'Italie même ; le reste, soit 2 milliards 800 millions, était réparti comme il suit :

	Millions.
En Italie.	1.004
En Belgique.	16
En Angleterre.	190
En Hollande.	300
En France.	650
En Allemagne.	640

L'impôt sur la rente, constitué par la conversion forcée du 5 0/0 en 4 0/0, fut en réalité une banqueroute.

En outre, la situation financière du pays a été ébranlée par les émissions exagérées de billets de banque et de bons du Trésor.

La désorganisation financière a plus d'une fois causé des troubles en différents pays. Pareille chose devrait d'autant plus facilement arriver au cas d'une guerre en Italie, en raison de la situation défavorable du pays au point de vue agraire et économique en général. On peut en citer comme exemple le brigandage né de cette situation, et qui a persisté si longtemps en Italie.

Si l'Italie n'est vraiment pas prête à la guerre, il faut en chercher les causes dans la pauvreté relative de ce pays, dans son manque de grande industrie et dans sa situation agraire extrêmement défavorable. — On peut dire que l'état de grande puissance ne convenait pas à ses ressources et, par conséquent, il n'est pas étonnant que le mécontentement y prenne un caractère non pas même anti-monarchiste, mais directement anti-gouvernemental.

C'est ce qui explique certaines phrases qu'on rencontre dans les feuilles socialistes italiennes, comme par exemple celle-ci : « La faim creuse un sillon dans le cœur et y sème le mécontentement ! La liberté est une mauvaise plaisanterie tant que l'homme reste l'esclave de la faim ! »

De semblables paroles ne pourraient demeurer sans conséquences lors de la crise économique que ferait naître une grande guerre. Il paraît même assez probable que, si, au moment de cette guerre, se manifestait un mouvement révolutionnaire tant soit peu sérieux dans une quelconque des régions de l'Italie, ce mouvement gagnerait tout le pays.

Il n'est d'ailleurs pas permis de compter que la guerre ferait éclater un sentiment de patriotisme capable d'entraîner toute la population dans un élan semblable à celui qui a fait l'unité italienne ; parce que l'alliance avec l'Allemagne et l'Autriche n'est nullement populaire.

Dans un journal satirique italien, on a représenté les grandes puissances se réunissant pour s'occuper d'alliances et d'armements, tandis que derrière chacune d'elles se tiennent à l'affût des chacals affamés représentant les socialistes, les anarchistes, etc.

III. L'Autriche. La guerre de 1866, — la dernière qu'ait soutenue la monarchie austro-hongroise, — ne peut fournir d'indications sur les conséquences économiques que, dans l'avenir, une grande lutte européenne aurait pour l'Autriche. D'abord, la campagne de 1866 fut trop courte pour modifier les conditions économiques des pays soumis au sceptre des Habsbourg ; et de plus ses résultats, — qui furent l'exclusion de l'Autriche de la Confédération germanique et la perte pour elle de la Vénétie, — eurent pour l'Empire des conséquences bien plutôt politiques qu'économiques.

Mais les finances de l'État et la circulation monétaire n'en éprouvèrent pas moins les conséquences du désastre militaire.

D'après les données statistiques pour 1890, dans les provinces héréditaires autrichiennes — c'est-à-dire à l'exclusion des territoires de la couronne de Saint-Étienne, — environ 62 0/0 du total de la population laborieuse étaient occupés à l'agriculture, 21 0/0 à l'industrie, 6 0/0 au commerce et aux professions libérales. Les occupations du reste de la population étaient inconnues, ou bien se composaient de domestiques et autres catégories moins importantes.

D'une façon générale, on peut dire qu'en Autriche-Hongrie, la production du pain et de la viande est suffisante pour la consommation du pays, de sorte qu'en cas de guerre, il n'y a pas à craindre un trop grand renchérissement des produits de première nécessité par suite de l'insuffisance des importations. Par contre, pour une notable partie de la population, il deviendra extrêmement difficile au moment de la guerre, de se procurer les ressources nécessaires pour la satisfaction des besoins quotidiens ; et peut-être, dans ce pays aussi, faut-il s'attendre à un profond ébranlement de la vie sociale et économique.

Il va de soi que plus le bien-être est élevé dans un pays, plus la population est exposée à éprouver des commotions semblables. Cependant la concurrence américaine a, dans ces temps derniers, porté un grave coup au bien-être de l'Autriche en y amenant l'abaissement du prix des produits agricoles. Et si le mal ainsi fait ne s'est pas étendu davantage, cela provient seulement de ce que la population s'est retournée avec une extraordinaire énergie vers le commerce et l'industrie, et qu'une certaine partie a même émigré.

La crise agricole dont on a été menacé dans ces dernières années a eu pour conséquence de faire refluer une notable partie de la population sur les centres commerciaux et industriels où la lutte pour l'existence entre les éléments les plus actifs à ce point de vue est devenue d'une intensité extraordinaire.

En outre, cette énorme affluence de forces ouvrières a eu cette conséquence fâcheuse de faire baisser encore les salaires déjà si peu élevés.

En cas de guerre naturellement, ces régions sont condamnées à une interruption brusque du travail.

Quelques données statistiques permettront de se faire une idée approximative des pertes qui résulteront de tout cela.

Si l'on divise la population en catégories, d'après les différentes situations sociales, en trouve qu'en Autriche :

Les employés et les personnes indépendantes entrent pour :   4.381.000
Les ouvriers occupés en permanence. . . . . —   8.084.000
Les salariés au jour le jour. . . . . —   1.102.000

On voit par là que, pour 4,381 milliers de personnes ayant l'existence assurée, il y a 9,186,000 ouvriers et journaliers. Et ces 13 millions et demi d'individus doivent nourrir 9,869 milliers de personnes proches qui ne font aucun travail.

En cas de cessation plus ou moins complète, ou même de ralentissement partiel de la vie économique, la situation des classes laborieuses se trouvera d'autant plus difficile, qu'en Autriche les salaires sont très peu élevés, de sorte que, même dans les circonstances normales, les ouvriers vivent avec beaucoup de peine et ne peuvent réaliser que des économies insignifiantes.

Contrairement au mouvement ascensionnel constaté en d'autres pays, les salaires non seulement n'ont pas augmenté en Autriche depuis 1883, mais ont au contraire diminué. Cette diminution s'est produite surtout dans les régions industrielles.

Il faut ajouter encore qu'en Autriche les dépenses de la vie quotidienne sont fort augmentées par le système d'impôts indirects que le gouvernement et les communes font peser sur les objets de première nécessité. D'après les calculs de Ronnig, une famille d'ouvriers composée de cinq personnes vivant à Vienne payait par an 105 florins d'impôts indirects, c'est-à-dire plus de 17 0/0 de son revenu.

Ajoutons quelques données sur la statistique du travail industriel dans les agglomérations urbaines de l'Autriche. Et avant tout, signalons ce fait qu'à ce travail industriel (y compris les métiers), prennent part une importante proportion de femmes : 23,5 0/0 (534,325).

Les données générales relatives aux personnes employées au travail industriel en 1880 se présentent comme il suit :

	Femmes	Hommes
Patrons	77.508	499.608
Contremaîtres	7.071	47.770
Ouvriers.	449.746	1.193.265

Le commerce, le change et la banque occupaient environ la même proportion de femmes que le travail industriel, exactement : 24,7 0/0 et en nombre absolu : 79,163 ; — le nombre des hommes étant de 240,692.

Enfin pour le travail à la journée, c'est-à-dire non régulièrement constant, on comptait un chiffre de : 428,372 femmes et 454,227 hommes.

Ainsi près de la moitié des personnes travaillant à la journée, étaient des femmes.

Étant donnée la faible élévation des salaires en Autriche, les économies réalisées par la population ne sont pas considérables. La somme totale des dépôts faits dans les caisses d'épargne s'élève à 1,406 millions de florins ; à quoi il faut ajouter 29 autres millions versés dans ces caisses par l'intermédiaire de la poste.

Mais, les sommes déposées dans les caisses d'épargne, comme les autres économies du peuple, qui pour obtenir un revenu plus élevé, ont été placés sur hypothèques ou converties en autres valeurs nationales d'État, seraient naturellement impossibles à réaliser au moment où éclaterait la guerre ; et, en tout cas, elles seraient exposées à subir de plus grandes pertes par la chute des cours que les valeurs étrangères, par suite de l'inquiétude générale ; — d'autant plus que plus d'une fois déjà l'État a fait banqueroute en Autriche.

Quant à la réalisation des valeurs hypothécaires, elle serait absolument impossible. Il est donc très probable que les caisses d'épargne elles-mêmes se trouveraient dans une situation très difficile.

A propos des valeurs hypothécaires, nous ferons observer qu'en Autriche les propriétés immobilières sont très lourdement chargées et que, dans la crise inséparable de la guerre, cette circonstance peut influer défavorablement, aussi bien sur la situation des possesseurs de ces propriétés que sur la perception des impôts qu'elles doivent payer tant à l'État qu'aux communes.

Les propriétés immobilières en Autriche ont à payer : 1° l'impôt foncier calculé à 22,7 0/0 de leur revenu net, d'après estimation ; 2° l'impôt sur les bâtiments, lequel est de trois sortes : la première, portant sur le revenu des maisons, le frappe de 26 2/3 0/0 dans certaines villes déterminées et de 20 0/0 seulement dans d'autres ; la seconde qui est un impôt de catégorie — les bâtiments étant répartis à ce point de vue en 16 classes différentes — s'élève à environ 20 0/0 du revenu net sur lequel il porte ; la troisième enfin est un impôt sur le revenu auquel sont soumises les constructions qui échappent aux deux premiers : il monte à 5 0/0 du revenu net.

Outre ces taxes frappées au profit du Trésor et proportionnellement à leur chiffre, les immeubles urbains sont encore soumis à des impôts additionnels au profit des provinces (*Länder*), des arrondissements (*Bezirke*) et des communes (*Gemeinden*). Ces impôts additionnels varient suivant les localités. — Mais en général on peut admettre que leur total égale presque la moitié de celui payé à l'État et auquel il se superpose comme on l'a déjà dit.

Enfin, il faut ajouter que les immeubles paient encore différents impôts généraux, droits de timbre (*Gebühren von Rechtsgeschäften*) etc. (1).

Il ne faut pas oublier qu'en Autriche le mouvement socialiste fait de grands progrès ; chose d'autant plus dangereuse pour ce pays que l'unité d'intérêts nationaux y fait défaut ; ce qui fait qu'au moment d'une guerre, un soulèvement populaire pourrait facilement y survenir.

La rupture des liens politiques avec l'Allemagne, survenue en 1866, n'a cependant pas fait disparaître le sentiment d'une certaine solidarité nationale entre cet Empire et la partie de la population qui parle la langue allemande. Et comme les ouvriers autrichiens-allemands sont plus instruits que les autres, il est très possible que l'influence des doctrines socialistes allemandes se répande même au delà de l'Autriche proprement dite, chez les populations slaves et magyares.

« En cas de guerre, » dit Rudolf Meyer, « l'Autriche devra protéger ses frontières nord-est, est et sud-est contre des troupes ennemies qui partout rencontreront des populations de même race qu'elles-mêmes, comme les Tchèques, les Russiens, les Roumains et les Serbes, — en Bohême, en Moravie, en Silésie, Galicie et Hongrie. Et comme, dans les deux premières de ces provinces, les Petits-Tchèques attirent à eux peu à peu toute la population tchèque, cette circonstance ne laisse pas d'avoir une très sérieuse gravité. »

De plus, si l'Angleterre reste neutre, l'Autriche peut se voir également attaquée par mer. Car il sera difficile aux flottes de l'Autriche et de l'Italie de résister, dans la Méditerranée, aux forces navales réunies de la Russie

---

(1) Ces indications sont empruntées à un travail du professeur Inam-Sternegg, président de la Chambre centrale do commerce autrichienne, et figurent dans une publication du bureau de statistique italien intitulée : *Proprieta fondiaria rustica.*

et de la France. L'Italie aura besoin de toutes ses forces et de toutes ses ressources pour protéger la vaste étendue de ses côtes.

Si elle ne veut pas s'exposer aux terribles catastrophes qu'entraîneraient pour elle le bombardement de ses ports et un débarquement sur ses côtes, si même elle veut simplement garantir sa mobilisation et ses communications intérieures contre toutes perturbations éventuelles, il lui faudra employer sa flotte à toute autre chose qu'à défendre l'Autriche.

De sorte qu'en cas de guerre ce dernier pays, — menacé de tous côtés, depuis Trieste, par le Montenegro, par Belgrade, Bucharest, jusqu'à Oderberg, et forcé de compter avec les sentiments hostiles des nationalités serbe, roumaine, tchèque, etc., qu'il doit s'attendre à voir sympathiser avec ses ennemis, — ce dernier pays se trouvera exposé à des dangers beaucoup plus grands que tous les autres.

A cela, d'ailleurs, s'ajoute encore cette circonstance, que la propagande socialiste et anarchiste y gagne chaque jour de plus en plus de terrain. Il suffit de se rappeler les troubles très récents de décembre 1893 à janvier 1894, pour se convaincre combien les doctrines révolutionnaires se propagent aisément en Autriche par le moyen des sociétés secrètes.

IV. La Grande-Bretagne. Une grande guerre européenne aurait une répercussion très fâcheuse sur la situation économique de la Grande-Bretagne, même si ce pays n'y prenait point part. L'interruption des communications maritimes y produirait tout d'abord un effet très sensible, et plus tard surtout réagirait indirectement sur l'industrie anglaise et l'approvisionnement de la population.

L'énorme développement de l'industrie manufacturière et minière de la Grande-Bretagne a, en effet, besoin des marchés du monde entier, car elle ne peut se passer d'une exportation et d'une vente ininterrompue de ses produits. Toute interruption de cette exportation en entraînerait immédiatement une dans les salaires, — c'est-à-dire dans les moyens d'existence de la majorité des individus.

D'un autre côté, la production du blé, dans ce pays, s'est constamment réduite, malgré l'accroissement de la population ; et aujourd'hui elle est tellement restreinte que la suspension des importations de blé en Angleterre entraînerait directement la famine pour le pays tout entier.

Si l'on veut calculer pendant combien de jours par année l'Angleterre devrait se passer de céréales, dans le cas où elle serait forcée de se contenter de sa récolte, on trouve que le froment lui ferait défaut pendant 333 jours par an, l'orge pendant 263 et l'avoine pendant 140.

Pour les pommes de terre, le rapport entre la récolte et l'importation

est plus favorable et il ne manquera que quelques pour cents de la récolte.

Au point de vue de son approvisionnement en viande, l'Angleterre se
trouve dans une dépendance moins étroite de l'importation.

Au total, il aurait été importé en Angleterre 13 0/0 de la quantité
totale du bétail élevé dans ce pays.

Il suit de là qu'au point de vue de l'approvisionnement en viande,
l'Angleterre serait suffisamment pourvue, même en cas d'interruption
des communications maritimes. Seulement les prix s'élèveraient beaucoup,
car le bétail anglais représente une haute valeur et, dans ce pays, la viande
est toujours chère, même en temps ordinaire.

Quant aux autres produits de l'élève du bétail, utilisés pour l'alimentation, l'Angleterre en importe chaque année les quantités suivantes :

Beurre, 2,775 quintaux ; margarine, 1,109 ; fromage, 2,266 ; graisse, 1,401.

Etant donnés d'aussi énormes besoins, il ne serait évidemment pas
facile de suppléer, par un accroissement de leur production intérieure, à
l'interruption qui surviendrait dans l'importation de ces denrées. Il se
manifesterait sans nul doute un fort renchérissement à leur endroit, et l'on
n'en trouverait pas en quantité suffisante pour satisfaire aux besoins de la
population.

Cette même disette se manifesterait aussi pour certains produits colo-
niaux.

En Angleterre, le prix des objets de première nécessité est assez élevé
et les ressources pour les acheter diminuent constamment.

L'existence de l'impôt sur le revenu a fait établir en Angleterre une
statistique exacte de la source et du chiffre des différents revenus.

Et cette statistique permet de se faire une idée des perturbations que
la guerre ferait naître dans ce pays.

Nous donnons ici les principaux chiffres. La valeur des revenus
annuels soumis à l'impôt et provenant des propriétés, des capitaux ou des
salaires, est évaluée comme il suit, en millions de livres sterling, pour les
catégories suivantes (1) :

Baisses
des salaires
et revenus.

```
Revenus provenant des propriétés ou des terres af-
fermées de la dîme (au bénéfice du clergé) des métairies,
des amendes. . . . . . . . . . . . . . . . . . . . . . . .   206
       Revenus provenant de la vente de terrains, de contrats
de fermage, de transmission de terres par succession. . .    56
```

---

(1) *Statistical abstract for the United Kingdom from* 1880 *to* 1894.

    Revenus provenant de payements périodiques (dividendes, annuités), payés par l'État.   39

    Revenus et bénéfices des diverses professions exercées au service de l'industrie (dans les chemins de fer, les canaux, les mines, les usines à gaz, la distribution des eaux).   351

    Revenus provenant des traitements payés par l'État, par des compagnies et pensions.   52

    Ensemble des revenus soumis à l'impôt et provenant des propriétés, des professions ou du service comme fonctionnaire   706

De ce total de 706 millions sterling, 263 se rapportent aux revenus provenant de la possession ou de l'affermage des terres et en général, de propriétés immobilières; 91 proviennent des pensions et traitements; et les 352 millions restant portent sur les revenus provenant des occupations industrielles et professionnelles.

Ces chiffres montrent clairement quelles pertes économiques seraient amenées en Angleterre par la guerre et la restriction ou même la suppression de l'activité industrielle qu'elle entraînerait. D'un autre côté, il faut aussi noter que les réserves d'argent sont plus abondantes en Angleterre que partout ailleurs. La dette entière de l'État est placée à l'intérieur même du pays et on y trouve en outre pour une somme énorme de valeurs étrangères.

Mais une circonstance très importante, c'est que ces ressources se trouvent être la propriété d'un nombre relativement faible de personnes. Nous avons, sur la répartition de la dette nationale anglaise, des données très précises allant jusqu'à l'année 1880. Ces indications nous font connaître que le nombre des personnes touchant des rentes sur l'État s'élevait, d'abord en 1855, puis en 1880, aux chiffres donnés par le tableau suivant :

			En 1855	En 1880
Rentes s'élevant à	5 livres sterling . . .		83.877	71.756
—	10	— . . .	38.129	32.662
—	50	— . . .	82.426	67.068
—	100	— . . .	21.978	17.456
—	200	— . . .	12.418	9.439
—	300	— . . .	3.501	2.655
—	500	— . . .	2.342	1.966
—	1.000	— . . .	1.051	990
—	2.000	— . . .	299	356
Au-dessus de 2.000	—	. . .	145	217
			246.166	204.575

Ainsi le nombre des possesseurs de rente consolidée n'a augmenté que dans les deux plus hautes catégories, et il a diminué dans toutes les catégories inférieures. On suppose que ce même mouvement s'est continué jusqu'en ces derniers temps.

Les économies, réunies dans les caisses d'épargne établies, se montent à 132 millions de livres sterling, qui se répartissent entre 7.579.709 personnes.

Quoi qu'il en soit, la répartition de la richesse est, en Angleterre, plus inégale qu'en aucun autre pays. Aussi dès le temps de paix, dans l'état normal des choses, le gouvernement, ainsi que différents établissements et sociétés de bienfaisance, sont obligés de venir pécuniairement en aide à une notable partie de la population, et cela dans une proportion dont on ne trouve d'exemple nulle part ailleurs : et notamment en janvier 1895, où le nombre des malheureux non compris les vagabonds, qui ont reçu des secours des établissements chargés du soin des pauvres (*boards of guardians*), se monta à 1.045.420 individus dont plus des 4/5 pouvant travailler.

Le danger serait d'autant plus grand, au cas d'une perturbation économique, que les éléments turbulents s'accumulent dans les villes, et que la population urbaine, dans la Grande-Bretagne, surpasse numériquement celle des campagnes, aux dépens de laquelle elle ne cesse même de s'accroître.

En Angleterre, y compris la principauté de Galles, la population rurale s'élevait, en 1891, seulement à 28,3 0/0 de la population totale et la population urbaine en représentait 71,7 0/0.

Ainsi la population de la Grande-Bretagne est pour les deux tiers urbaine. En outre, il faut observer que, dans les villes, le rapport du nombre des femmes à celui des hommes est de 7 0/0 plus élevé que dans les campagnes : et on sait que, dans les moments de crise, les femmes constituent un élément particulièrement remuant.

Comme nous l'avons déjà montré, les villes d'Angleterre renferment un nombre considérable d'individus qui ne veulent pas travailler, et un nombre plus grand encore de gens qui ne peuvent pas trouver de travail.

A cette foule oisive s'ajoutent les ouvriers renvoyés des fabriques qui restreignent leur production. Et on peut se faire une idée approximative de ce qu'il y en aura, d'après ce fait que la seule industrie du tissage occupe 1,084,000 personnes, dont 428,000 hommes et 656,000 femmes.

La plus grande partie des ouvriers est, en effet, employée dans des fabriques : le groupe le plus considérable étant constitué par les ouvriers des manufactures où l'on travaille le coton, comme fileurs, tisserands ou imprimeurs. Or, précisément cette fabrication serait suspendue en cas d'interruption des communications maritimes, la matière première arrivant en Angleterre par cette voie. La banqueroute dans le milieu industriel paraît inévitable, attendu que les fabriques ne sont pas garanties par une réserve suffisante de capitaux.

La mise en actions des grandes entreprises a, dans ces derniers temps, permis au commerce et à l'industrie de se développer dans d'énormes proportions. Dans le rapport de la commission constituée auprès du ministre du commerce [anglais et dite *Bureau du commerce (Board of trade)*, le nombre des entreprises par actions existant en Angleterre au 1er avril 1894 est indiqué comme étant de 18,361 avec un capital total, pour l'ensemble, de 1,035,029,835 livres sterling. Tandis qu'en France ce même capital ne s'élève qu'à 420 millions sterling et n'est, en Allemagne, que de 200 à 300 millions seulement.

Tout cela nous amène à cette conclusion que si la situation insulaire de la Grande-Bretagne lui donne, contre une invasion étrangère, plus de sécurité que n'en ont les puissances continentales, par contre cette situation même la met dans une dépendance complète de la continuité et de la régularité des communications maritimes. L'immense flotte britannique, tout en protégeant le pays contre une invasion, n'est pas en état de garantir la sécurité de ses bâtiments de commerce sur toutes les mers du globe.

Comme on le voit dans la partie de notre ouvrage consacrée à la guerre navale, il suffirait de quelques croiseurs ennemis très rapides pour interrompre le trafic maritime par suite du refus que feraient les compagnies d'assurance de courir de trop grands risques, ou bien même par le seul effet de l'élévation des primes qu'elles exigeraient.

Or, avec le colossal développement de l'industrie anglaise et l'extrême insuffisance de la production en céréales du pays, pour la nourriture de la population, l'interruption des communications maritimes pendant un temps quelque peu prolongé menacerait l'Angleterre d'une énorme perte de salaire, d'un fort renchérissement des vivres, et même d'une véritable famine.

Au cours d'une telle crise, des tentatives de pillage, sinon révolutionnaires, seraient très probables ; d'autant plus que l'armée anglaise n'est pas considérable, et se compose des pires éléments de la population, qui servent à prix d'argent. Dans ses rangs, les cas d'indiscipline générale ne sont pas rares.

En outre, il existe en Angleterre une agitation générale très forte contre le fardeau que fait peser sur la population l'entretien, tant de l'armée de terre destinée à maintenir dans l'obéissance les territoires conquis, que celui de la gigantesque flotte de guerre anglaise. Et de fait, les dépenses militaires vont sans cesse en augmentant.

Ainsi, dans les dix dernières années, les dépenses consacrées aux forces militaires ont augmenté de 8,449,000 livres sterling.

En outre, le résultat des guerres précédentes est représenté dans le budget par une dépense annuelle de 18 millions sterling consacrée au paiement des intérêts de la Dette, — et les agitateurs ne perdent pas une occasion d'appeler l'attention sur ce point.

Ils font remarquer qu'aux temps où l'aristocratie faisait la guerre en personne et en supportait les dépenses, il n'y avait pas de dette nationale. Mais depuis que, grâce à sa prédominance numérique dans le Parlement, elle a posé en principe que, si grandes puissent être les dépenses de l'État, l'impôt foncier ne devait pas dépasser un total de deux millions sterling chaque année, la dette a commencé à monter et les guerres ont succédé aux guerres. Elles ont été directement avantageuses pour l'aristocratie, parce qu'elles ont multiplié les places dans l'armée et le gouvernement et qu'elles ont fait augmenter le prix du blé.

Et ils disent plus loin : « La guerre n'est qu'un reste de la barbarie, et il suffirait de la moitié des efforts qu'exigent les préparatifs de la guerre future, pour réaliser la constitution du tribunal international. Et cela c'est, avant tout, la question des ouvriers. — Car les classes laborieuses, non seulement font les frais de la poudre et des balles consommées à la guerre, mais elles fournissent elles-mêmes les victimes soumises à l'action meurtrière de ces projectiles. »

V. France.

L'étendue des perturbations économiques que la guerre future amènera en France n'est pas seulement très importante ; elle est aussi instructive en ce sens que la France a déjà plusieurs fois, notamment en 1870, éprouvé directement la gravité des maux de la guerre.

A en juger superficiellement, on pourrait supposer que la guerre future aura à peu près les mêmes conséquences que celle de 1870. Mais pour résoudre sérieusement cette importante question, il faut exposer les changements survenus dans le pays depuis cette époque.

Perturbations au temps de la guerre de 1870.

Avant la guerre de 1870, la France se trouvait dans des conditions économiques exceptionnellement favorables. Depuis les vingt années que régnait Napoléon III, la prospérité du pays s'était accrue dans des proportions inouïes.

Lorsqu'après la guerre de 1866, il devint clair pour tout le monde qu'un choc entre les Allemands et les Français était inévitable, et que ce n'était plus qu'une question de temps, l'opinion publique se trouva préparée à une nouvelle guerre.

La force de l'armée française, qui constituait alors dans le pays une classe spéciale au milieu du reste de la population, était fixée à

567 000 hommes. Mais, en réalité, l'effectif présent des troupes atteignait à peine 336,000.

Des approvisionnements étaient préparés pour un nombre d'hommes beaucoup plus considérable. Mais le désordre et la confusion qui se produisirent lors de la guerre empêchèrent les Français d'utiliser ces approvisionnements, — et ceux-ci profitèrent à l'ennemi qui put, par suite, ne pas trop ravager le pays.

Aussitôt après les premières rencontres, l'armée française se trouva brisée et ensuite emmenée en captivité. De sorte que le théâtre de la guerre proprement dite se réduisit aux régions frontières et que les localités avoisinantes jusqu'à Sedan ne souffrirent beaucoup des hostilités que pendant un temps assez court.

Il n'y eut presque pas de guerre nationale entre la population et les troupes ennemies.

Nous avons déjà montré combien était peu populaire dans l'armée cette guerre entreprise « pour le bon plaisir d'un seul homme » (1).

La population civile montrait encore moins d'enthousiasme. Ecrasé par la centralisation, dépouillé depuis vingt ans de toute initiative, habitué à recevoir des ordres d'en haut et à s'y soumettre sans observation, le peuple français avait aussi perdu peu à peu toute la grandeur d'âme qui, seule, fait la force d'une nation. Dans son état d'exaltation nerveuse, la nation française au lieu de se dresser menaçante devant l'envahisseur, pliait sous cette force extérieure comme elle avait plié sous le joug intérieur, depuis le coup d'Etat de décembre.

Dans ses mémoires, Moltke signale plus d'une fois ce fait que la population contemplait la guerre comme une sorte de spectacle particulier, sans même interrompre ses occupations journalières du temps de paix.

Mais si tel était l'aspect de la France au point de vue moral, au point de vue économique il était tout autre.

Napoléon III, pendant tout son règne, avait fait des efforts incroyables pour développer la prospérité du pays — ce qui n'était pas bien difficile.

Jouissant d'un admirable climat, la France produit en abondance tous les objets de première nécessité: le blé, le vin, le charbon, le fer, la viande de toute espèce.

En outre, l'ouvrier français semble inimitable dans sa façon de tirer, de la matière première, ces chefs-d'œuvre d'art et d'industrie que tout le monde se dispute.

On sait de plus que la production du pays s'était augmentée dans des proportions inouïes — grâce à toutes sortes de perfectionnements

______

(1) Claretie, *Histoire de la Révolut'on*, 1870-71.

techniques, à de nouvelles inventions scientifiques, aux chemins de fer, au télégraphe électrique et aussi à la découverte de nouveaux gisements aurifères.

Il suffit de jeter un coup d'œil sur les chiffres du commerce extérieur pour constater qu'il avait triplé pendant les vingt années du règne de Napoléon III.

Les opérations de la Banque de France avaient sextuplé et en même temps s'étaient fondés, dans les dernières années du règne de Napoléon III, de nouveaux établissements de crédit qui possédaient un nombre considérable de clients. Produisant beaucoup et possédant d'habiles ouvriers, la France se distingue en même temps par son amour de l'épargne. En 1841, Robert Peel, causant avec Guizot sur la richesse comparative des nations française et anglaise, disait : « En Angleterre 1 homme sur 5 consomme entièrement ses revenus ou ses gains ; en France on en trouve à peine un sur 40. Les 39 autres font des économies.

En réalité, quoique l'ouvrier français ne soit pas particulièrement économe, on peut dire que, dans la nation française en général, — en tenant compte de la population rurale, — domine l'esprit d'épargne.

Malgré la guerre il y avait en France en 1874, pour près de 18 milliards de titres appartenant à des Français soumis à l'impôt — sans compter une énorme quantité de valeurs étrangères, et non plus la rente française sur laquelle ne porte point l'impôt dont il s'agit.

La France supporta avec une facilité relative le poids de la guerre. D'abord, il ne faut pas oublier que, pendant toute sa durée, le commerce maritime demeura ouvert, et que les opérations militaires elles-mêmes ne s'étendirent que sur une portion restreinte du territoire.

L'ennemi ne se montra vraiment dur que lorsqu'il rencontra de la résistance ou jugea nécessaire d'intimider la population par un exemple. En général, il s'efforçait de replacer le plus promptement possible le pays dans une situation économique normale.

Le gouvernement institué par les Allemands était très bien organisé.

Dans un travail exécuté avec beaucoup de soin par une commission parlementaire formée pour étudier l'état des départements occupés par l'ennemi, on trouve des données exactes sur les dommages causés par la guerre. Voici quelques chiffres empruntés à cet intéressant ouvrage.

Contributions de guerre et amendes. . .	30 millions de francs.	
Réquisitions régulières en nature	134 —	—
Dépenses pour la poste militaire et l'entretien des troupes	101 —	—
Pertes causées par les vols, les incendies et les violences de la guerre.	393 —	—
Total. .	659 millions de francs	

Dans ce total général de 659 millions, n'entre pas la somme de 200 millions qui fut exigée de la ville de Paris comme contribution de guerre municipale, non plus que les dommages causés par les troupes françaises elles-mêmes.

Les Allemands payaient ce qu'ils prenaient, non seulement au moyen des sommes qu'ils se procuraient sous forme de contributions, mais aussi avec de l'argent provenant d'autres sources.

Les moyens financiers dont ils disposaient pour faire la guerre étaient de 309 millions de thalers, soit 1.158 millions de francs.

Il est utile de faire remarquer que les dons volontaires représentent la somme insignifiante de 394 thalers.

C'est seulement grâce aux économies qu'elle avait faites précédemment dans la période de prospérité extraordinaire du pays et d'étonnant développement de son commerce et de son industrie que la France put payer les 5 milliards de l'indemnité de guerre et les autres 5 milliards représentés par ses dépenses militaires.

Ces épargnes consistaient en capitaux placés dans les entreprises françaises et étrangères, sur différents points du globe, sous forme d'actions ou de prêts à tant 0/0.

Quand furent émis les deux premiers emprunts, les fonds étrangers et les valeurs industrielles furent vendus par les capitalistes français en énorme quantité. La France se trouvant créancière relativement aux pays étrangers reçut en retour des capitaux de ses débiteurs et tous ces capitaux furent apportés à la souscription pour les emprunts émis.

Et bien que les emprunts conclus pour le paiement de la contribution de guerre aient entraîné une augmentation des impôts, le commerce et l'industrie n'ont cependant pas été privés des capitaux qui leur sont nécessaires. Ils ont pu encore trouver de l'argent à bon marché. Après d'aussi terribles pertes la France s'est remise au travail, — et nous allons faire connaître les résultats auxquels elle est arrivée.

Le changement de régime eut une heureuse influence sur la situation économique du pays ; quoique longtemps encore on ait dû craindre de voir les Allemands profiter du premier prétexte pour recommencer les hostilités et arrêter le développement de la puissance militaire de la France. Mais ces craintes ne purent empêcher les progrès d'ordre économique.

La nation n'avait plus à redouter les aventures politiques auxquelles elle avait été si longtemps exposée sous Napoléon III; le nouveau gouvernement faisait tous ses efforts pour développer l'instruction et la prospérité économique du pays; la lutte ardente entre les partis politiques excluait la possibilité de commettre impunément des illégalités : tout cela ne contribua pas médiocrement au relèvement de la France.

Il se trouva même que la perte de l'Alsace et de la Lorraine profita dans une certaine mesure à l'extension de l'activité industrielle et commerciale française.

Dans ces provinces, en effet, l'industrie était tellement puissante qu'elles alimentaient de leurs produits le reste du territoire. Une fois la nouvelle frontière tracée, on se mit à développer toutes les branches d'industries déjà existantes et à en ouvrir de nouvelles dans d'autres régions françaises, pour fournir à la population les objets dont elle avait besoin et que jusqu'alors elle avait tirés d'Alsace et de Lorraine.

En même temps, par suite de la prospérité croissante des pays étrangers, et en particulier des pays transocéaniens, on vit augmenter les demandes des produits de luxe et de mode fabriqués en France.

Jetons un coup d'œil sur les chiffres du commerce général d'importation et d'exportation.

Années	Importations	Exportations
	en millions de francs	
1873	4.576	4.822
1891	5.320	4.803
1894	4.794	4.124

La statistique nous montre donc que la perte de l'Alsace et de la Lorraine n'a pas eu grande influence. L'exportation s'est comparativement plus augmentée pendant la période de 1869-73, que pendant celle de 1860-69. Et depuis, l'augmentation de l'exportation s'est continuée sans interruption jusqu'en 1891. Après quoi vient une baisse motivée par l'intronisation en Europe de la politique douanière protectionniste.

Le budget de la France, qui peut servir à mesurer le degré d'aisance de la population, se présente dans la forme suivante :

	En millions de francs		
	1861	1869	1893
Recettes	1.866	2.105	3.366
Dépenses	2.170	2.145	3.430

La France a donc donné un exemple frappant de sa vitalité financière. La guerre, la Commune, le paiement des 5 milliards, le paiement des dépenses de la guerre, le travail de reconstitution des établissements, la transformation du gouvernement dans toutes les branches, la réorganisation de l'armée, — tout cela exigeait des ressources énormes et la France a trouvé chez elle toutes ces ressources.

Mais par contre la dette de la France s'est notablement accrue, comme on le voit par les chiffres suivants :

1871	13.543 millions de francs
1876	20.993 — —
1895	27.257 — —

Par conséquent, depuis 1871, la dette de la France s'est accrue de près de 14 milliards de francs. Cette somme a été tout entière trouvée dans le pays ; en outre, d'immenses capitaux ont été placés en valeurs industrielles et en fonds étrangers.

Il est maintenant très important pour nous de déterminer le chiffre de la richesse nationale placée sous forme de valeurs mobilières.

Cette question a fait l'objet de nombreuses études, parmi lesquelles une des plus dignes d'attention est le rapport de M. A. Neymarck, lu à la Société de statistique de Paris. Le montant des valeurs mobilières appartenant à des capitalistes français, a été évalué au moins à 80 milliards : 60 milliards en titres français et 20 en valeurs étrangères — produisant ensemble un revenu d'environ 4 milliards, dont à peu près un milliard provient des valeurs et fonds d'État étrangers. Le tout donnant un revenu de 2,200 millions.

Nous répétons : les Français sont économes de leur nature.

Et le « bas de laine » du paysan français, le « magot » de l'employé ou du fonctionnaire, la « tirelire » dont l'usage est répandu dans toute la France, sont la meilleure démonstration de cette vérité.

Les données statistiques relatives aux caisses d'épargnes peuvent permettre de mesurer la façon dont s'est accrue la richesse en France depuis 1870.

Si nous comparons la situation de ces caisses, en 1869 et en 1894-95, nous trouvons :

Qu'en 1869 il existait 2,130,000 livrets de caisse d'épargne et que le total des dépôts s'élevait à 711 millions de francs ;

Et qu'en 1894-95, il y avait 6,314,000 livrets avec un total de dépôts atteignant 3,260 millions.

Le chiffre des impôts peut fournir encore des données plus certaines. En France, comme l'on sait, toutes les valeurs mobilières, sauf la rente et les fonds d'État, sont frappées d'un impôt spécial qui, en 1890, a produit 26 millions 1/2 de francs.

La somme totale des revenus provenant des valeurs françaises soumises à l'impôt s'élevait en 1890 à 1,544 millions 1/2 de francs, et des valeurs étrangères, à 148 millions 1/2, ensemble à 1,693 millions, tandis que les chiffres correspondants pour 1873 n'étaient respectivement que 989 et 69 millions de francs, ou au total 1,058 millions, c'est-à-dire inférieurs d'un tiers.

Nous pouvons encore juger, par un autre moyen, de l'accroissement de la richesse en France. Comme, dans ce pays, la transmission des propriétés par succession, ainsi que par donation est soumise à l'impôt, on peut y trouver une nouvelle mesure de la prospérité nationale. En moyenne, l'ensemble des propriétés ainsi transmises atteignait comme valeur :

Dans la période de 1873-1875 . . . . . . 3.965 millions de francs.
             1890-92 . . . . 6.005 — —

Il ressort de tout cela que la France a pu supporter les pertes énormes à elle occasionnées par la guerre de 1870, beaucoup plus facilement que ne l'eût fait tout autre pays.

Les misères économiques que, sans nul doute, entraînera la guerre future, seraient aussi moins importantes en France qu'ailleurs, s'il n'y avait pas à tenir compte de toute une série de circonstances défavorables, par suite desquelles la vision de la guerre ne paraît pas moins terrible pour cette nation que pour le reste du monde civilisé.

Les chiffres généraux qui déterminent l'étendue de la richesse dans un pays donné, n'ont de signification décisive que s'ils ne s'écartent pas très notablement des chiffres moyens. Car dans tel groupe important de personnes, en majorité très riches, il peut s'en trouver beaucoup qui ne le soient pas, qui ne soient même que de simples prolétaires, sans empêcher le chiffre moyen de rester très élevé.

Si l'on n'a pas à craindre de voir la partie misérable de la population s'insurger la première contre les pertes qu'entraînera la guerre, le gouvernement trouvera certainement le moyen de diriger celle-ci dans le pays même. Mais il en serait tout autrement dans le cas où une notable partie de la population mécontente, même en temps de paix, de l'ordre existant, n'attendrait que la guerre pour bouleverser l'organisation sociale. Et justement en France le socialisme, l'anarchisme et la propagande contre le militarisme ont pris un très grand développement.

D'après Des Essarts, les revenus de la France se montent à 8 milliards de francs provenant de ce que possède la nation, plus 15 milliards qui représentent le produit de son travail. Au cas où la guerre éclaterait, l'impossibilité de toucher les intérêts des emprunts étrangers et l'insuffisance des ressources existant à l'intérieur du pays, mettraient la France dans la nécessité d'émettre du papier-monnaie, dont la valeur ne tarderait pas à se trouver dépréciée. Dès lors, les revenus des capitaux ou bien diminueraient beaucoup, ou même cesseraient totalement.

Cette circonstance, conjointement avec les autres conditions économiques défavorables qui se produiront en temps de guerre et dont nous parlerons plus loin, entraînera un affaiblissement des moyens financiers de la population, et par suite une diminution des ressources fournies au gouvernement par le travail national.

En conséquence, il est très important d'examiner jusqu'où cet affaiblissement des moyens financiers de la population se fera sentir lors de la guerre future, sur les 15 milliards que rapporte à la France le travail national.

Sans doute, il n'est pas possible d'indiquer en détail exactement les changements qui se produiront, mais une chose est bien certaine : c'est que la guerre future ressemblera très peu à celle de 1870, alors que la mer était ouverte, et que le commerce avec la Suisse, la Belgique et l'Italie continuait à s'effectuer sans interruption.

En outre, les esprits n'étaient pas alors tourmentés par les idées pessimistes qu'on rencontre à présent — et, par suite, l'activité commerciale n'était point paralysée dans le pays.

Maintenant que le parti vaincu, sera, d'après les paroles mêmes de M. de Bismarck, réellement « saigné à blanc », — si ce n'est pis encore, — les conséquences des pertes causées par la guerre seront tout autres.

Il suffit d'indiquer ici cette seule circonstance, que la mer sera fermée. Or l'importance pour la France, des communications maritimes, ressort des chiffres suivants :

En 1893, sur le total des importations d'environ 5 milliards (1), il n'en est venu que 29,3 0/0 par la voie de terre. Le reste 70, 7 0/0, — est entré par mer.

Et, sur la somme totale des exportations qui, en cette même année 1893, s'est élevée à 4 1/2 milliards de francs (2), 32,5 0/0 seulement sont sortis par les frontières de terre et 67,5 0/0 par mer (3).

Il suffira que la guerre interrompe les communications pour porter un coup très grave à l'industrie. Dès que l'entrée et l'exportation par mer cesseront, les prix des choses nécessaires à la vie augmenteront fortement, tandis qu'au contraire les sources des revenus s'épuiseront : plusieurs branches d'industrie se trouvant dans l'impossibilité de fabriquer et de vendre leurs produits.

Car ceux-ci ne trouveront pas d'acheteurs. Non seulement le théâtre de la guerre sera fermé pour la vente, mais à l'intérieur aussi les demandes diminueront : — d'abord parce que les ressources se trouveront restreintes chez la majorité de la population qui vit au jour le jour de ses salaires, puis en raison de la répugnance bien naturelle, des classes aisées, à subir des pertes superflues en temps de guerre.

Les fabriques, les usines, mines, ateliers — à l'exception de ceux qui travailleront pour les besoins de l'armée, — se verront dans la nécessité de suspendre leur travail.

Il est impossible de ne pas remarquer que par suite de l'insuffisance, au milieu de la population indigène, d'ouvriers d'industrie et aussi pour d'autres causes, le travail industriel, emploie en France, un

---

(1) 4,951,500,000 francs.
(2) 4,326,400,000 francs.
(3) *Statistical abstract for foreign Countries*, 1896.

grand nombre d'étrangers dont, en cas de guerre, les bras feront défaut.

Outre cela, la vie économique du pays sera certainement influencée d'une manière très grave et sérieusement troublée par l'appel sous les drapeaux d'une grande partie de la population : tous les hommes en état de porter les armes de 20 à 45 ans.

Si nous nous reportons aux indications publiées sur les professions exercées par les recrues, nous pouvons, dans une certaine mesure, nous faire une idée des conséquences possibles qu'aurait la guerre à ce point de vue, bien qu'en réalité le métier exercé par un jeune homme quand il atteint l'âge de la conscription, ne corresponde pas nécessairement à son genre d'occupations pendant les années suivantes

Sur 100 hommes de recrue on comptait en France, en 1891 :

Cultivateurs.	44,83
Maçons.	3,97
Ouvriers en bois.	5,48
Ouvriers en métaux.	6,47
Tanneurs, corroyeurs.	2,41
Ouvriers des fabriques et usines.	3,56
Meuniers et boulangers.	2,56
Bouchers	1,46
Cochers, messagers, voituriers, palefreniers.	2,29
Tailleurs.	0, 9
Porteurs, jardiniers, pêcheurs, calfats, déchargeurs.	1,12
Employés de bureau.	3,33
Employés des télégraphes.	0,28
Employés des chemins. de fer	0,59
Autres professions.	17,95
Sans profession.	2,78
Total.	100,00 0/0

Examinons de plus près les donnés relatives aux occupations de la populations.

Près de la moitié de la population française se livre à la culture du sol. La classe agricole renferme des personnes des catégories suivantes : grands et petits propriétaires, fermiers et ouvriers à gages. Sur les 17,698 milliers d'individus appartenant à cette classe, on compte environ 2,772,000 ouvriers.

Dans un pays où la propriété foncière est divisée en un grand nombre de familles, les ouvriers propriétaires du sol constituent la plus grande partie de la population; et les salaires, à l'exception de quelques départements de grande culture, sont partout relativement faibles.

La lutte pour l'existence dans cette catégorie de la population est maintenant beaucoup moins pénible qu'elle ne l'était il y a vingt ans, dans beaucoup de départements. Quoique les ouvriers agricoles souffrent moins que ceux des fabriques de la pénible incertitude de savoir si le lendemain ils auront ou n'auront pas de travail, leur existence est cependant plus difficile; parce que, connaissant d'avance le tarif de leur salaire, ils n'ont aucun espoir de voir s'améliorer leur situation.

Le paysan propriétaire, qui toujours s'est montré la véritable pierre angulaire de la France, offre peu de prise aux agitateurs ; mais il en est tout autrement de l'ouvrier à gages. Les socialistes eux-mêmes le comprennent bien et ils agissent en conséquence. Le prolétariat ouvrier, considérant comme ses ennemis, tout à la fois les bourgeois capitalistes et les paysans, comprend que son émancipation rencontrera toujours des obstacles de la part des « dirigeants » élue par la population rurale.

Il est d'ailleurs impossible de croire qu'en cas de guerre, la classe agricole ne ferait courir aucun danger à l'État. Le fait est qu'elle ne peut pas vivre des produits du sol.

Le nombre dès propriétés a été estimé à 3,383,000 — et la moitié au moins de ce nombre, c'est-à-dire 1,700,000, (même davantage en réalité) des personnes s'occupant d'agriculture sont dans une situation très voisine de celle des ouvriers ruraux.

Etant donné un pareil état de choses, on peut s'attendre, en cas de guerre, à quelque danger pour le gouvernement, même de la part de la classe agricole. Mais cependant cette classe sera pour lui la moins dangereuse.

On n'en peut pas dire autant des autres parties de la population. Pour nous en convaincre, examinons quelle est la répartition des revenus dans le pays.

M. A. Coste a fait le calcul suivant de la répartition des revenus en France.

D'après cet auteur 10 milliards et demi, attribués à 3,746,131 capitalistes plus ou moins opulents représenteraient, s'ils étaient uniformément répartis entre eux, un total de 2,800 francs par famille. Et nous pouvons remarquer en passant que la confiscation des capitaux particuliers au profit de la communauté, rêvée par les socialistes, ne donnerait pas grand'chose par personne.

Leroy-Beaulieu admet qu'en France il se trouve à peine de 700 à 800 personnes possédant un revenu de 250,000 francs ou davantage, et qu'il n'y en a que de 18,000 à 20,000 dont le revenu soit compris entre 50,000 et 250,000 francs.

Ce même auteur nous fournit les indications suivantes sur la part prise par les femmes au travail national :

Sur un total de 10,352,000 salariés en général, on peut compter 4,415,000 femmes, gagnant 2,460 millions.

Ce dernier chiffre représente près de 30 0/0 de la somme totale des salaires du prolétariat.

Au cas où viendrait à se produire un arrêt dans la vie économique du pays, c'est dans la vie agricole que son effet serait le moins sensible.

Dans chaque ménage de cette catégorie, il existe toujours une réserve de nourriture si faible qu'elle soit ; tandis que la partie de la population adonnée à l'industrie, au commerce, etc., ainsi que la plupart des personnes qui vivent sur leur crédit, se trouveraient dans une situation d'autant plus misérable qu'en France, comme on vient de le voir, beaucoup de femmes n'ont d'autres moyens d'existence que leurs salaires.

Par suite de la part active qu'elle prend ainsi au travail national, la femme française exerce d'un côté une influence extrêmement heureuse sur son pays, mais de l'aurte côté ce travail constitue un empêchement pour l'augmentation de la population.

Il serait très important d'examiner en quel sens s'exercera l'action de la femme française au moment critique de la guerre : manifestera-t-elle son patriotisme bien connu, ou des sentiments d'une autre nature?

Mais c'est là une question à laquelle il est actuellement impossible de répondre.

La France est considérée comme un pays riche. Mais si l'on admet que la population renferme seulement 5 0/0 de pauvres, cela fait encore deux millions de personnes ayant, en temps de paix, besoin de la charité privée ou publique (1).

Mais en temps de guerre, le nombre des nécessiteux s'augmentera sans nul doute; attendu qu'il y aura beaucoup plus de gens sans travail pendant la guerre en France que dans d'autres pays — par cette raison que les plus importantes branches de la production nationale sont celles des objets de luxe et de modes, dont naturellement la vente se trouvera suspendue.

Même en temps normal le nombre des personnes sans travail est assez considérable en France. La *Commission d'enquête parlementaire* a reçu, sur ce sujet, des réponses intéressantes sur les feuilles du questionnaire qu'elle a envoyées à tous les travailleurs.

Il s'en dégage le résultat suivant :

Ont de l'ouvrage toute l'année. . . . . 1.360 ouvriers, ou 17,9 0/0
Chôment pendant deux mois au plus . . . . . 1.340 — ou 14,7 0/0
Chôment pendant trois mois . . . . 2.221 — ou 23,3 0/0

---

(1) *Statistique générale de la France.*

Chôment pendant quatre mois. . . . . 1.813   —   ou 20,0 0/0
Chôment pendant cinq mois ou davantage . 1.572   —   ou 17,2 0/0

Si l'on en croit les radicaux français, le nombre des ouvriers sans travail s'élèverait, en France, au cinquième ou tout au moins au sixième de la totalité.

A Paris, les conditions sont encore plus mauvaises.

Dans les moments favorables, 20 0/0 des ouvriers restent pendant 3 ou 4 mois sans trouver d'occupation. Et, dans les années de crise 45 0/0 environ souffrent du manque de travail, c'est-à-dire que trois cent mille familles demeurent privées de tout moyen d'existence (1).

En temps ordinaire ces ouvriers sans travail font peu parler d'eux. Mais, comme en temps de guerre, le nombre s'en augmenterait certainement, on pourrait s'attendre à les voir tous revendiquer le droit à recevoir des secours de la part du Gouvernement.

Or, dans les circonstances normales, il y a déjà en France un grand nombre de personnes dans cette situation, comme on peut le voir par les indications suivantes qui se rapportent à l'année 1889.

Sur l'ensemble de la population, d'après les données du dernier recensement, sur 26 millions de personnes, il a été secouru :

$$\left.\begin{array}{l} 1.616.481 \text{ Français} \\ \text{et} \quad 55.871 \text{ Étrangers.} \end{array}\right\} 1.672.352$$

Le nombre total des secours distribués s'est élevé à 14,756,910.

Les pauvres, en outre, ont été aidés sous forme d'admission dans les établissements d'assistance ; ces établissements en ont recueilli 2.654.000.

On comprend les conséquences qu'un tel état de choses entraînerait en France où le mouvement socialiste est la preuve manifeste de l'existence d'un mécontentement général contre l'organisation sociale actuelle. Si la guerre de 1870 fut suivie de la Commune, à quoi faut-il s'attendre aujourd'hui que le socialisme à relevé la tête et s'est donné une organisation solide ; tandis qu'avant la guerre, et pendant tout le règne de Napoléon III, le Gouvernement français profitant de son pouvoir discrétionnaire et de ses droits exclusifs avait étouffé toute tentative de propagande en ce genre ?

Il ne faut pas oublier que les socialistes ont constitué une organisation permanente entre les municipalités qui les soutiennent.

Ajoutons que Leroy-Beaulieu et Neymarck constatent un temps d'arrêt, sinon même une régression dans le développement de la richesse nationale.

Pour la France, la guerre serait plus terrible que pour n'importe quel autre pays.

------

(1) *Almanach de la question sociale,* 1894 : *Statistiques.*

Nous avons vu combien la France est riche en capitaux, combien sa population est laborieuse, économe, de quel heureux climat elle jouit, de quelle abondance de produits naturels elle est comblée. Nous avons aussi vu que ce pays est en progrès pour tout ce qui contribue à la satisfaction des besoins des hautes classes en objets de luxe et de mode. Mais les conséquences de tout cela ne se manifesteraient pas d'une manière aussi frappante, sans le concours de circonstances particulières qui, étant par elles-mêmes d'un caractère négatif, ont une influence énorme sur l'accroissement de la richesse.

Il faut dire qu'en France la natalité est beaucoup plus faible que dans les autres pays, et que la mortalité y est presque égale ; de sorte que l'accroissement de la population française est comparativement insignifiant. Il y a même eu des années où cet accroissement a été nul et d'autres où l'on a constaté au contraire une diminution.

En France, le nombre d'enfants au-dessous de 10 ans représente 17, 5 0/0 de la population totale, tandis qu'autre part, il en constitue les 24 et 26 centièmes ; le nombre des vieillards de 60 ans et au-dessus atteint en France 12, 6 0/0 de la population ; ailleurs il n'est que de 7 à 8 0/0. La proportion des célibataires est aussi moins favorable en France que dans les autres pays.

La comparaison suivante de la natalité et de la mortalité en Allemagne et en France montrera dans quelles circonstances défavorables se trouve ce dernier pays au point de vue de l'accroissement de la population.

En France, la natalité est à peu près égale ou même inférieure à la mortalité, tandis qu'en Allemagne la natalité est supérieure à la mortalité de 1, 2 0/0, c'est-à-dire que l'accroissement est de plus de 12 personnes par 1,000 habitants. Les chiffres que nous avons donnés se rapportent à dix années toutes récentes, mais le même phénomène s'observe depuis le commencement de ce siècle.

D'après les calculs faits par Hübbe Schleiden, en se basant sur les données de Ravenstein, il y a cent ans les forces de l'Allemagne étaient de 40 0/0 plus faibles que celles de la France, tandis qu'actuellement c'est au contraire ces dernières qui sont inférieures de 20 0/0.

D'où il ressort directement que la puissance de la nation française s'affaiblira encore dans l'avenir comparativement à celle des autres pays où le pour cent de l'accroissement de la population est resté plus normal.

Les mesures artificielles proposées pour amener l'augmentation de la population ne sauraient écarter ce « danger national », suivant l'expression de M. Frari.

La diminution du nombre des naissances a encore cet inconvénient que les enfants sont mieux soignés, et que la mortalité parmi eux est moindre; d'où empêchement, pour la sélection naturelle, de s'exercer et de supprimer les personnalités les plus faibles. Ce dont souffrent les qualités physiques de la nation en général.

En France, dès maintenant, la race est plus faible qu'en Angleterre et en Allemagne.

Ce fâcheux état de choses a, il est vrai, momentanément ses bons côtés qui consistent en ce que, par suite d'un aussi faible et même insignifiant accroissement de la population, il y a plus de place en France pour le travail, plus d'espace pour ainsi dire et moins de lutte pour le développement des forces productives. En outre, la nation a moins de dépenses à faire pour l'éducation et l'instruction de la génération qui s'élève, et par là même, elle épargne davantage. Enfin, les capitaux ne se disséminent pas comme on le voit en d'autres pays plus peuplés — par suite de quoi le bien-être matériel augmente.

Tout cela n'empêche pas que chaque année les forces de la France s'épuisent et s'affaiblissent comparativement à celles de ses voisins. — Mais pour la masse de la population actuellement vivante, l'avenir est voilé par l'éclat trompeur d'un bonheur momentané.

Si l'on estime la valeur d'un homme à 3,000 francs et qu'on fasse le compte de la richesse qui est de 1788 à 1888, échue en partage à l'Allemagne et à la France, on trouve que la valeur de l'accroissement de la population française s'est élevé à 39 milliards de francs, tandis que celle de l'accroissement de la population allemande atteint 97 milliards et demi. C'est-à-dire que la richesse de l'Allemagne en forces vives est de 58 milliards et demi supérieure à celle de la France.

Eh bien ! en cas de guerre, les pertes en hommes seraient énormes; et la France doit les éviter, parce qu'en raison des conditions d'accroissement de sa population, l'affaiblissement qui en résulterait pour elle serait relativement plus grand que pour ses ennemis.

La guerre elle-même ne pourrait pas améliorer la situation de la France. La perte de la fleur de sa jeunesse serait pour elle, non plus un « danger national », mais un désastre.

La France, qui a prêté tant de milliards à des sociétés et à des gouvernements étrangers, qui a placé dans ses propres fonds d'État la plus grande partie de ses économies, semble un pays qui, tout en n'admettant pas la plus légère atteinte à son honneur ni à ses intérêts nationaux, doit en même temps faire tous ses efforts pour maintenir la paix — Attendu que la paix seule et non la guerre avec tous ses malheurs et ses misères peut lui assurer un avenir favorable au meilleur développement de son génie national, auquel l'humanité est redevable de tant.

Pour ce qui concerne la Russie, le général Brialmont dit : « Le pays VI. **Russie.** pour qui la guerre est le moins dangereuse et qui serait le moins vulnérable, c'est la Russie — en raison de son immense étendue, des caractères de son sol et de son climat, et, plus encore, par suite de l'état social de sa population, adonnée principalement à l'agriculture. » Nos études nous amènent aux mêmes résultats.

Produisant en abondance des hommes, des chevaux et du blé, ayant de nombreux centres industriels et commerciaux, habituée depuis tout un siècle à se servir de monnaie fiduciaire, la Russie est capable de faire durer une guerre défensive pendant plusieurs années ; tandis que les États de l'Ouest et du Sud, où la culture intellectuelle est plus élevée, où l'industrie et le commerce sont plus développés, mais à qui manque le blé nécessaire pour nourrir leur population, la viande et les autres subsistances, ainsi que les matières premières pour leurs usines, ne peuvent soutenir la guerre pendant des années entières sans s'exposer à la ruine et même au démembrement.

Une autre supériorité stratégique de la Russie sur les pays d'Occident provient de ce que l'occupation, par l'ennemi, même de toute une zone de sa frontière, n'entraînerait pas de résultat décisif.

Mieux encore. Il est impossible de briser la Russie d'un seul coup, — comme tous les autres pays d'Europe — si considérables que soient les progrès de l'invasion ennemie sur son territoire. L'occupation même de ses deux capitales, et la défaite de toutes les armées qu'elle aurait mises sur pied, ne suffiraient pas encore à l'empêcher de continuer la résistance — tandis que, dans de telles conditions, toute puissance occidentale serait irrémédiablement abattue. Les restes des troupes russes vaincues iraient se reformer dans quelqu'autre centre éloigné ; autour d'elles sortiraient de terre de nouvelles et nombreuses armées ; et toute l'énergie de la guerre s'allumerait de nouveau en Russie ; — en même temps que l'ennemi affaibli et épuisé par de stériles efforts se verrait contraint à la retraite.

Mais, d'un autre côté, dans l'examen de l'influence possible de la guerre sur les ressources nationales et l'existence de la population russe, nous ne pouvons nous borner à des considérations d'ordre général, comme pour les autres États ; nous devons aller un peu plus au fond des choses, ne fût-ce qu'en raison de ce que l'immensité même du territoire et ses ressources considérables en hommes pour la formation de nouvelles armées (ce qui fait la puissance incontestable de la Russie) pourraient très bien suggérer des hypothèses d'un caractère trop optimiste. Ainsi, d'après les auteurs étrangers, les militaires russes tombent dans l'exagération sur ce point, et perdent entièrement de vue que la guerre se ferait néanmoins très bien sentir dans le pays, et que même, sous certains rapports, elle pèserait très lourdement sur sa situation financière et économique.

C'est une erreur de croire que tous, ou même la plupart des militaires éminents de la Russie, commettent cette faute. Pourtant il faut reconnaître que la grandeur même de la Russie, sa richesse en territoire et en hommes, peuvent très bien porter certains esprits à s'exagérer sa puissance. Mais le danger de semblables erreurs est évident pour tout homme sans parti pris, qui réfléchit et se souvient de tant de cas historiques où l'opinion exagérée qu'ils avaient de leurs forces, a conduit des peuples, sinon directement à la guerre, tout au moins à l'emploi de façons d'agir trop brutales qui pouvaient la faire naître.

Nous devons toutefois remarquer qu'une étude détaillée des conséquences que la guerre pourrait avoir pour la Russie, au point de vue économique, présente de grandes difficultés; parce que nombre de données numériques font défaut, qui seraient nécessaires pour une étude complètement approfondie du sujet.

Rappelons-nous le mot de Gœthe : « On dit que les chiffres gouvernent le monde... Non, ils montrent seulement comment il faut le gouverner. »

En Occident, on considère maintenant comme un axiome que, pour bien diriger une maison d'affaires quelconque, il faut totaliser chaque année ses recettes et ses dépenses et faire la balance des résultats obtenus. A plus forte raison en est-il de même pour un pays. Mais, pour obtenir ce résultat, on compare non seulement les totaux des recettes et des dépenses, afin d'en déduire le bénéfice ou le déficit en ressources disponibles; mais on recueille avec soin des indications sur la situation économique des habitants et, en général, sur l'état de la population.

En Russie, les débuts de la statistique sont trop récents pour pouvoir être complets et irréprochables quant à l'impartialité; nous tâcherons cependant d'en tirer une série de notions indispensables à éclairer la situation.

La dette de la Russie, depuis la dernière campagne contre la Turquie, a fort augmenté; de sorte que la baisse des fonds, inévitable en cas de guerre, se traduirait aujourd'hui par une perte incomparablement plus forte qu'il y a vingt ans. Et comme en outre le pays continue d'avoir besoin de capitaux pour développer sa prospérité, la perturbation résultant de la baisse des papiers de crédit ne fera que croître et sera plus grande encore à l'avenir qu'elle ne pourrait l'être aujourd'hui.

Le 1er janvier 1896, en fait d'argent, de titres d'État, — ou garantis par lui, — il se trouvait, dans les établissements de crédit du Gouvernement, des communes ou privés, les trésoreries et sociétés d'assurances, un total de :

Encaisse métallique. . . . . 200 millions de roubles
Effets . . . . 2.293   —   —

D'autre part, en la possession de particuliers, dont les uns en Russie, mais la plupart au delà des frontières, il existait :

Des valeurs métalliques pour   2.039 millions de roubles
Des effets pour. . . . . . .   1.037   —   —

Mais il se rencontre, en outre, dans le pays, — où elles sont l'objet de transactions considérables, — des parts, actions, obligations, etc., non garanties par l'État, et dont la valeur nominale représente en tout une somme de 128 millions de roubles métalliques et de 1,150 millions de roubles-crédit.

Si nous admettons qu'au moment d'une guerre l'abaissement des cours, soit de 25 0/0 pour les papiers garantis par le gouvernement et de 35 0/0 pour les autres, — c'est-à-dire si nous admettons seulement la baisse qui s'est manifestée au moment des guerres de 1870 et 1877 — on voit clairement quelles énormes perturbations économiques se produiront.

La baisse du cours des valeurs en circulation à l'intérieur de l'Empire représente à peu près 1,100 millions de roubles; une partie importante de ces fonds garantissent les obligations du Trésor et se trouvent déposés dans divers établissements de crédit.

Quand la Russie aura mobilisé 2,800,000 soldats, elle aura besoin chaque jour, pour leur entretien, de 7 millions de roubles. En outre, il lui faudra des sommes importantes pour venir en aide aux 531,000 familles des hommes appelés sous les drapeaux.

On comprend qu'en un pareil moment, l'État ne pourrait songer à placer de nouveaux titres pour se procurer l'argent comptant dont il aurait besoin pour faire la guerre. Et, pour faire face à une dépense quotidienne d'environ 7 millions de roubles, on ne pourrait cependant éviter d'émettre des titres dans d'énormes proportions.

Il est même difficile de prévoir jusqu'où tombera le cours du papier-monnaie pendant la guerre future, quand il faudra, pour la faire, des milliards de roubles.

Feu N. K. Bunge, dans sa réponse à certain mémoire du conseiller secret Smirnoff, soutenait que, si l'on émettait du papier-monnaie pour 800 millions de roubles, le cours baisserait de 25 kopecks par rouble, c'est-à-dire 25 0/0, et qu'en cas d'émission pour une somme beaucoup plus forte, on ne pouvait même prévoir jusqu'où descendraient ces valeurs. Il est très probable toutefois que la baisse atteindra les limites qu'on a vues au commencement du siècle actuel, c'est-à-dire que le papier-monnaie perdra les trois quarts de sa valeur nominale.

La conséquence sera, d'après N. K. Bunge, une élévation du prix de tous les objets. Par conséquent le Trésor, qui aura touché les impôts en papier-monnaie au cours nominal, devra payer tout plus cher. L'entretien de l'armée et de la flotte exigera donc un énorme accroissement de dépenses. Une partie importante de la population urbaine et tous les fonctionnaires civils et militaires, qui vivent de leur solde, se trouveront dans une gêne extrême. Ce bouleversement du système monétaire peut amener des troubles dans l'ordre social.

Pendant la guerre de 1877-78, les opérations du commerce extérieur sur la frontière européenne ne se sont pas arrêtées. Mais au cours d'une guerre contre la Triple-Alliance, les exportations de la Russie en Europe cesseraient complètement. Avec la diminution des demandes pour les produits agricoles, leurs prix s'abaisseront et, avec eux, les revenus des cultivateurs et des paysans. En outre, il se produira encore de grandes variations dans les prix, précisément parce que c'est toujours l'exportation qui règle les cours.

De l'interruption de celle-ci résultera une réduction importante du trafic des voies ferrées; et, comme la plupart des chemins de fer appartiennent à l'État ou sont garantis par lui, c'est le Trésor qui supportera la diminution de leurs recettes. D'un autre côté, les chemins de fer, surtout ceux qui conduisent aux frontières de l'Ouest, seront occupés par les transports de troupes, d'abord complètement au début de la guerre et plus tard encore dans de fortes proportions; de sorte que le trafic commercial se trouvera placé dans des conditions tout à fait anormales.

Ainsi : interruption des exportations, baisse réelle des valeurs (malgré ce qu'on pourra faire pour soutenir les prix nominaux par de grandes émissions de papier-monnaie), irrégularité des livraisons et grandes variations des prix dans diverses localités : — toutes conditions qui devront fortement réagir sur la marche du commerce. Il est même difficile de prévoir ce que deviendra celui-ci et par quelles influences les prix seront déterminés. Ce trouble des affaires sera d'autant plus sensible qu'en Russie il existe fort peu d'argent comptant à la disposition de la classe commerçante, ainsi que de la population en général.

Puis, cette population n'ayant pas l'habitude de s'aider elle-même, le Gouvernement serait obligé de s'occuper de ses besoins et des crises qui, sous l'influence de la guerre, surviendraient dans telle ou telle partie du domaine économique. Et cependant cette guerre même lui imposerait déjà tant de dépenses qu'il pourrait se voir dans l'impossibilité absolue de fournir de tels secours.

Une grande conflagration européenne aurait le même effet ruineux pour l'industrie russe; mais le plus grave, c'est que la réduction des salaires industriels mettrait un grand nombre d'ouvriers dans une situation sans issue.

Et comme les salaires sont très faibles en Russie comparativement aux pays étrangers, il serait très possible que les ouvriers n'eussent aucune épargne pour parer à leur interruption. Ce qui veut dire que la crise causée par la guerre éprouverait les classes ouvrières de la plus désastreuse façon.

Quand on examine ainsi l'endurance relative de la population russe au cours de la guerre et après elle, et quand on étudie soigneusement le niveau moyen de son bien-être matériel et moral, en tenant compte des différences que présente ce niveau dans les diverses régions de l'Empire, on arrive forcément à conclure qu'en général la masse de cette population souffrira. La situation comparativement la meilleure sera justement celle des régions qui, selon toute vraisemblance, serviront de théâtre aux hostilités, et par conséquent ne fourniront pas de ressources au Trésor.

Ainsi la guerre future menace l'Etat et la population d'une suppression de recettes et d'une situation difficile pour les finances, le commerce et l'industrie; situation qui sera rendue plus pénible encore par suite du peu d'argent comptant disponible en Russie. Plus un pays est riche, mieux sa population vit en temps de paix et plus il dispose de ressources pour faire la guerre, ou en supporter les conséquences. En Russie, pendant la paix, les cultivateurs et les propriétaires terriens, en raison du bas prix des produits agricoles, arrivent à peine à joindre les deux bouts. L'endettement des paysans ne cesse de s'accroître, et l'hypothèque sur le travail, c'est-à-dire le travail pour rien au profit des usuriers, est un fait très ordinaire. En outre, le système financier qui vient seulement d'être remis en ordre serait bouleversé de nouveau par de grandes émissions de papier-monnaie.

Ce sont seulement les marchands, grâce à leur nombre relativement faible, et les accapareurs, en profitant de ce que la population agricole russe est intellectuellement moins développée que celles des autres pays, qui trouveraient pendant la guerre des occasions favorables de faire des affaires, en exploitant les besoins du peuple.

Il est donc à craindre de voir les effets de la guerre se manifester par une telle crise économique et une telle baisse des forces productives elles-mêmes, que la guérison du mal serait très longue. De sorte que, sans être menacée des révolutions qu'on peut redouter de voir éclater dans l'Europe occidentale à la suite d'une grande guerre, la Russie n'en aurait pas moins à redouter de celle-ci de très sérieuses conséquences.

De même, l'obligation de ne pas rester en arrière des autres nations dans ses dépenses d'armement constitue pour la Russie un fardeau plus lourd que pour la France et l'Allemagne, et on peut dire aussi que pour l'Autriche-Hongrie. Dans ces pays, le budget de la guerre, si élevé qu'il soit, ne représente qu'une faible partie de ce que l'État, les villes, les sociétés privées et les communes rurales consacrent à des dépenses productives, à des améliorations agricoles ou hygiéniques, au développement des communications, du commerce et de l'industrie et enfin, — ce qui n'est pas le moins important, — à répandre l'instruction parmi le peuple. En Russie, les sommes absorbées par l'entretien des forces de terre et de mer constituent le tiers du budget total; et si on retranche du reste les intérêts de la dette nationale, on trouve que toutes les autres dépenses de l'Etat, susceptibles d'avoir un caractère quelque peu productif, ne forment ensemble qu'un total inférieur au prix de revient des forces armées. Et, en dehors du Gouvernement, est-il personne en Russie qui fasse beaucoup de dépenses productives ?

En présence de toutes les conséquences qui viennent d'être indiquées, on ne peut manquer d'arriver à conclure qu'un conflit général, survenant en Europe, ferait encore reculer la Russie au point de vue économique, et pour longtemps.

Tels sont les dangers qu'entraînerait manifestement la guerre ; et cependant il est encore très douteux que même la plus heureuse puisse valoir au pays de quoi le dédommager des sacrifices qu'elle lui aurait imposés.

Les faits et les chiffres précités prouvent bien, il est vrai, qu'en cas d'invasion, la Russie est moins vulnérable que les autres puissances, — grâce à sa population nombreuse, endurante et dévouée à la patrie, comme aussi en raison de son étendue, des caractères de son sol et de son climat. Toutefois, au cas d'une guerre offensive, ces conditions mêmes, qui représentent une force pour la défense, deviennent des désavantages.

En outre, il est d'autres facteurs négatifs, d'un caractère matériel et moral, que nous avons soigneusement évalués, bien qu'en temps de paix ils soient peu apparents à l'extérieur, et qui, lors du bouleversement produit par la guerre, pourraient acquérir une importance particulière.

Tout cela nous conduit à conclure que, pour la Russie, une lutte armée, quelle qu'en soit l'issue, ne serait pas moins ruineuse, — quoique par d'autres motifs, — que pour ses ennemis.

Mais ce n'est pas tout : l'élucidation complète des effets que la guerre pourrait avoir sur la situation économique de l'Empire nous amène aussi à une autre affirmation, savoir : que dans l'état actuel de la Russie, une réduction des frais de préparation militaire ne lui est pas moins, et peut-être même lui est encore plus nécessaire qu'aux autres États européens.

Cette réduction des dépenses absorbées aujourd'hui sans utilité par l'entretien des troupes, — et en pure perte puisqu'il n'y a pas probabilité d'une guerre prochaine, — présente, pour le bien de la nation et le développement des forces vives du pays, un intérêt de premier ordre. Car la Russie a besoin de ressources pour une autre lutte : pour la lutte à soutenir, non point sur le champ de bataille, mais contre l'état économique suranné, la misère et l'ignorance du peuple. Les progrès de sa vie intérieure et le développement de ses forces productives sont d'un intérêt plus pressant pour ce pays, — qui, en cas de guerre, devrait au début des opérations se tenir très probablement sur la défensive, — que l'augmentation de l'effectif de ses armées, du nombre de ses cuirassés ou torpilleurs, et de sa marine en général.

Examinons maintenant les différentes formes de la répercussion probable de la guerre future sur les besoins de la consommation et de l'économie politique nationales.

La gêne dans la satisfaction des besoins quotidiens des masses, l'interruption ou bien le temps d'arrêt dans l'action des forces productives de la nation et l'apparition de la famine : tels sont les périls dont la perspective menaçante peut arrêter la résolution d'entreprendre la guerre, et qui, au cas où l'on aurait passé outre, peuvent, d'un moment à l'autre, imposer leur *veto* décisif à sa continuation. Il faut ajouter ici, pour certains États, encore un danger, une nouvelle apparition venant après celle de la famine, — comme un fantôme en remplace un autre dans les visions de Macbeth, — nous voulons dire le danger de mouvements révolutionnaires, non seulement politiques, mais sociaux.

Voilà pourquoi, en parlant de la guerre future, nous nous sommes décidé à examiner avant tout dans quelle situation se trouveront, pendant sa durée, ces États qui, en temps normal de paix, ont besoin d'importer de grandes quantités de blé et autres produits; et nous avons recherché si, par des mesures quelconques, il était possible de soustraire ces pays à la misère.

Cet examen nous a montré que la puissance la plus dangereusement menacée sous ce rapport, en cas de guerre générale, est l'Angleterre, qui importe, surtout d'au delà de l'Océan, environ la moitié des grains, froment, orge, seigle, dont elle a besoin pour nourrir sa population.

La situation sera préférable, mais pourtant encore très gênée, pour l'Allemagne et l'Italie : pays dont chacun a besoin pour deux à trois mois chaque année, de grains étrangers, en grande partie russes. À la France il ne faut de ces grains étrangers que pour un mois par an, et l'Autriche peut complètement s'en passer.

Les meilleures conditions se rencontreront évidemment en Russie : l'Empire exportant au contraire les denrées en question, dont il produit au delà de ses besoins, dans la proportion de 24,6 0/0.

Mais un fait à noter, c'est que l'état des pays qui ont besoin d'importer des grains va en empirant chaque année, tant par suite de l'accroissement de leur population, qu'en raison d'une réduction de l'étendue des terrains ensemencés.

Ainsi, dans la période de 1894-95, les importations se sont augmentées comparativement à la période de 1888-91 :

En Allemagne. . . . . de 48 0/0
En France. . . . . de 13 0/0
En Angleterre. . . . . de 54 0/0

Et, d'une de ces périodes à l'autre, s'est accrû, comme il suit, le nombre de jours pendant lesquels, chaque année, la population doit se nourrir de grains importés :

En Allemagne . . . . . 33 jours (de 69 à 102 jours).
En France. . . . . 4 — (de 32 à 36 —).
En Angleterre. . . . . 96 — (de 178 à 274 —).

Outre cette insuffisance de blé, la Grande-Bretagne, l'Allemagne, la France et l'Italie éprouvent également un déficit sur d'autres produits d'une nécessité quotidienne : tels que l'avoine pour la nourriture des chevaux, la viande et le sel.

Nos calculs sur l'étendue des besoins ressentis pour les produits sus-indiqués montrent que les projets imaginés pour constituer des réserves en temps de paix n'ont pas été mis en exécution.

La quantité d'approvisionnements qu'il faudrait entretenir et renouveler exigerait des dépenses annuelles si considérables, qu'actuellement il serait difficile d'obtenir des Parlements le vote des crédits nécessaires à les couvrir.

Les frais des guerres passées et le rapport des charges militaires des revenus aux pays.

Après avoir examiné l'effet que doit avoir la guerre future sur les différents côtés de la vie d'un État et d'une nation, nous passons à une étude précise, basée sur des chiffres, de ce qu'ont coûté aux peuples les guerres du passé et du prix auquel leur revient la « paix armée », c'est-à-dire la préparation à la guerre future.

Depuis le milieu de ce siècle, il en a été de l'outillage militaire comme de l'outillage industriel. Grâce aux progrès de la science et à l'incessante succession d'inventions techniques, on a, d'une part, consacré des capitaux énormes à développer le travail producteur des nations; et d'autre part, on en a englouti de moins considérables pour augmenter, compléter et améliorer la force militaire improductive des États. Mais, tandis que le développement de l'industrie et, avec lui, l'accumulation de la richesse ont marché très inégalement dans les diverses contrées de l'Europe, les charges militaires se sont accrues avec une vitesse uniforme et dans des proportions plus ou moins analogues pour tous les pays: riches ou pauvres, avancés ou arriérés. Dans ces derniers, les dépenses extraordinaires consacrées à l'armement ont eu pour résultat de constituer un obstacle direct au développement de l'industrie et à l'amélioration de l'état économique en général.

On pouvait supposer que chez les nations en possession de puissantes forces industrielles et où d'énormes épargnes sont accumulées, les totaux des dépenses annuelles pour l'armée et la flotte devraient, malgré la rapidité de leur accroissement, soulever moins de plaintes de la part de la population. Mais il en est autrement, — parce que précisément, dans tous ces pays, la société a déjà bien mieux compris la stérilité de cette interminable et ruineuse rivalité en fait d'armements. Ce qui a fait naître et ce qui développe tous les jours, dans ces contrées, la lutte contre le militarisme et les charges qu'il fait peser sur la population. Dans les États où les budgets doivent être votés par des Parlements, les partis libéraux et, en particulier, les radicaux ont fait, de la lutte contre le militarisme, la pierre angulaire de leur programme.

Ils appellent l'attention sur ce que les charges militaires ne sont pas également réparties entre les classes de la population, parce qu'elles portent principalement sur les objets de première nécessité. Et ils s'élèvent contre la possibilité même de la guerre, où ils ne voient que dommages et destruction. Ils montrent que la constitution de l'armée la meilleure et la plus nombreuse, si elle entraîne la ruine du pays, va contre son but, qu'on prétend être la nécessité de défendre les intérêts de ce pays; et ils assurent enfin que le renforcement des armements, poussé au degré où il est depuis ces trentes dernières années, s'il continuait encore pendant quelque temps, finirait par anéantir un travail de civilisation qui a demandé plusieurs générations pour s'accomplir. On se répète les paroles du grand capitaine de Moltke que « c'est la guerre qui supprimera les guerres. »

Les partisans d'une augmentation constante des budgets militaires répondent à cela, que le bien-être de la population des grandes puissances fortement armées n'est nullement inférieur à celui dont elle jouit dans les États neutres ou pacifiques, qui n'entretiennent que peu de troupes permanentes, ou même comptent uniquement sur leur milice, — comme la Suisse, la Belgique et la Suède. Ils font en outre valoir qu'une grande partie des sommes consacrées à l'entretien des troupes et aux armements restent dans le pays et même contribuent à soutenir des branches d'industrie importantes. Enfin, ajoutent-ils, si grandes que puissent être les dépenses absorbées par la défense du pays, elles sont rendues nécessaires par les terribles conséquences que, dans les conditions actuelles de la guerre, la défaite entraînerait après elle. La paix, dit-on, en un mot, ne peut être assurée que s'il ne subsiste aucun doute sur l'égalité et même la supériorité d'armements des États qui n'ont pas eux-mêmes d'intentions belliqueuses. A ce point de vue, l'exagération même des dépenses militaires ne serait qu'une sorte de prime d'assurance contre les malheurs de la guerre.

L'ancien chancelier allemand, comte Caprivi, disait au Reischstag en 1890 : « Vienne la guerre, et pas une personne capable de porter les armes ne restera chez elle ». Effectivement, sur les 24,230,832 individus que comprenait la population mâle de l'Allemagne en 1890, environ 8,500,000 se trouvaient entre 20 et 45 ans. L'effectif de l'armée allemande sur le pied de guerre était alors évalué à 4,392,000 hommes, c'est-à-dire à plus de la moitié de la population mâle adulte, et non trop âgée. Mais, en cas de besoin, l'autre moitié eût été également appelée, à l'exception des invalides. Et l'on dirait encore que les grandes dépenses consacrées à l'armement constituent, contre les misères de la guerre, une prime d'assurance avantageuse malgré tout, même au point de vue économique.

Mais on oublie que l'exagération des armements peut conduire, sinon à une guerre internationale, au moins à une lutte sociale; et il y a là un fait dont l'étude présente un très grand intérêt. En examinant les dépenses causées par toutes les luttes armées qui ont eu lieu au cours du xixᵉ siècle et le rapport des dépenses du temps de guerre aux revenus nationaux, nous sommes arrivés à conclure que tous les préparatifs faits en vue de la guerre ont, aussi bien que celle-ci, constitué des charges lourdes et ruineuses pour les nations européennes belligérantes, — aussi bien quand elles ont été victorieuses que quand elles ont été vaincues — et on est en droit de dire qu'ils ont été la cause des misères actuelles. Admettons qu'une moitié seulement de ces dépenses ait été employée au soulagement des indigents, le paupérisme aurait en grande partie disparu.

Ce n'était pas chose difficile à établir en calculant le rapport des dépenses militaires aux revenus des différents pays, en temps de paix comme en temps de guerre. La situation actuelle n'est, en réalité, pas autre chose qu'une guerre à l'état latent. Les préparatifs militaires et l'inquiétude qu'ils inspirent sont devenus aussi coûteux et dommageables que l'étaient autrefois les guerres elles-mêmes.

Les dépenses de la paix armée, pendant une période de vingt-deux ans, représentent, rien que pour le ministère de la guerre, en France et en Allemagne, une somme totale de 22 milliards de francs. La fièvre militaire, c'est-à-dire le désir ardent de rivaliser avec les autres ou de les devancer dans la voie des armements, s'est emparée même des États, de troisième ordre, — ce qui, de leur part, n'est tout simplement qu'une façon de « jouer au soldat », aux frais du budget.

Mais la technique militaire est arrivée partout à un tel degré, que les inventions ne peuvent rester longtemps secrètes, et les transformations fréquentes de l'armement, comme l'augmentation constante de l'effectif des troupes, ne font que ruiner les nations.

Le feld-maréchal de Moltke disait au Reichstag qu'avec le temps, « les peuples finiront par ne plus pouvoir supporter les dépenses militaires ».

C'est là une vérité dont les masses ont de plus en plus conscience. En Allemagne, lors du vote qui eut lieu en 1893 sur le nouveau projet de loi militaire, les députés qui votèrent *contre* représentaient 1,097,000 électeurs de plus que ceux qui votèrent *pour*. De 1887 à 1893, l'opposition faite au militarisme avait grandi dans le rapport de 1 à plus de 7. En 1893, il y avait du côté des représentants de l'opposition 4,233,000 électeurs, et de l'autre côté, 3,225,000 seulement. Ainsi, quoique le Parlement eût donné, cette fois, une majorité au projet militaire, si l'on compte les électeurs que représentaient les députés votant dans un sens ou dans l'autre, on peut dire que le pays s'était au contraire prononcé *contre*, par une majorité de plus d'un million de voix. Anomalie qui provenait, au dire des adversaires de la loi militaire, de la façon illogique dont les circonscriptions électorales sont déterminées.

Et réellement n'y a-t-il pas de quoi frémir à la pensée des sommes énormes qui sont englouties par les préparatifs de guerre. En 1893 où les dépenses ont été bien inférieures à celles d'aujourd'hui et en dehors des dépenses ordinaires que nécessite l'entretien des armées de terre et de mer, et qui s'élèvent à 300 millions de francs pour l'Autriche et à 1,100 millions de francs pour la Russie, chaque puissance faisait néanmoins des dépenses extraordinaires dans le but d'augmenter sa flotte et son armée. Les dépenses extraordinaires pour l'armée se sont élevées, en 1893, à 171 millions de francs pour la France et la Russie réunies, et à 251 millions de francs pour la Triple Alliance. Quant aux dépenses extraordinaires pour la flotte, nous ne connaissons que celles qui ont été faites par l'Autriche-Hongrie et l'Allemagne; elles se sont élevées en 1893, pour ces deux puissances, à 56 millions de francs. Ces sommes augmentent d'année en année. Sans parler des grandes puissances dont dépend le sort des nations, celles de second ordre aussi sont obligées de dépenser et d'armer à outrance.

Jetons un coup d'œil sur l'augmentation des budgets de la Guerre des trois principales puissances continentales : la France, l'Allemagne et la Russie.

En Russie, ces budgets ont progressé de telle façon que, de 175 millions, ils ont, en vingt ans (de 1875 à 1894), atteint 236 millions de roubles; c'est, par conséquent, une augmentation de 35 0/0.

L'Allemagne, durant toute la période de 1872 à 1894, a dépensé 7,615 millions de marks pour ses budgets militaires, ce qui fait une moyenne de 346 millions par an.

En France, le ministère de la Guerre a dépensé des sommes encore plus considérables; notamment depuis le 1er janvier 1872 jusqu'au 31 mars 1894, un total de 12,347,234,671 francs.

La paix armée a donc coûté, pendant la période de vingt-deux ans, à l'Allemagne et à la France réunies (nous convertissons les marks en francs) la somme de 21,866 millions de francs.

Les autres nations, même les puissances de second ordre, augmentent également leurs dépenses pour renforcer leurs armements. Même les puissances de troisième ordre subissent cette fièvre d'émulation, et l'on peut dire qu'elles « jouent au soldat » au détriment de leurs budgets.

L'effet écrasant de ces charges saute aux yeux. L'Italie et l'Autriche ne sont plus en état de les supporter, tandis qu'elles soulèvent en Allemagne des murmures de plus en plus violents.

La Russie dépense pour son armée 276,8 millions de roubles et seulement un peu plus d'un douzième de cette somme, soit 23,6 millions de roubles, pour l'instruction publique et les cultes étrangers (non orthodoxes).

Et remarquons que les dépenses pour l'entretien d'un homme faisant son service militaire vont croissant par suite des perfectionnements techniques, des connaissances plus étendues qu'on exige du soldat et en même temps des besoins plus grands qu'il a, comme nourriture et comme logement.

En chiffre moyen, l'entretien de chaque soldat chez les puissances qui nous intéressent, a coûté : en 1874, 254 roubles; en 1884, 266 roubles; en 1891, 321 roubles et, en 1896, 338 roubles.

Ces chiffres sont assez éloquents : ils nous permettent de juger quel degré de perfection l'humanité pourrait atteindre, au point de vue moral et intellectuel, si son attention et ses forces n'étaient absorbées par les dépenses que nécessitent la création et l'entretien des armées.

Les États-Unis nous donnent, à ce point de vue, le meilleur exemple.

Mais ces chiffres deviendront encore plus frappants si nous examinons les proportions entre les dépenses militaires et les revenus de la population des différents pays. En admettant que pour l'Angleterre la proportion s'exprime par le chiffre 100, Delivet a trouvé le tableau comparatif suivant :

Angleterre.	100
France	138
Allemagne	200
Autriche	220
Italie	351
Russie	496

Ces chiffres prouvent que les charges en question (par rapport aux revenus) dépassent en France de 38 0/0, en Allemagne de 100 0/0, celles de l'Angleterre.

Toutefois les partisans du militarisme s'efforcent de prouver qu'il est impossible d'évaluer les pertes résultant, pour un pays, de l'entretien de son armée et de ses armements simplement d'après le total des budgets de l'armée et de la marine, on soutient que, du moment où l'argent consacré à l'armée et à la flotte est dépensé dans le pays même, il retourne aux contribuables sous forme de gain, il ne constitue donc pas une perte.

Ce raisonnement n'est évidemment qu'un sophisme : car, d'abord, les hommes restés chez eux travailleraient; ensuite, le reste de la population n'aurait pas à supporter les dépenses qu'entraîne l'entretien de l'armée et se trouverait, de ce fait, dégrevée dans une large mesure; enfin, la puissance productive du pays s'appliquerait à autre chose, qu'à fabriquer des canons et des projectiles, à construire des forteresses, et des casernes, etc.

Et, ce qui est plus important encore, les gouvernements ne seraient pas absorbés par des questions extérieures et pourraient concentrer toute leur activité à la solution des besoins intérieurs. Nous tâcherons de prouver plus loin combien sont erronés les raisonnements des défenseurs du militarisme.

Ici seulement nous nous bornerons de citer un passage du rapport que le ministre des Finances des États-Unis (Secretary of the Treasury) a soumis au Congrès en même temps que le budget de 1887.

« Chaque dollar, — écrivait le ministre, — pris au citoyen et qu'il eût employé à subvenir à ses besoins, contribue à détourner le travail de son but réel, à appauvrir la nation et à la grever d'impôts, même si le gouvernement remet immédiatement ce dollar en circulation. C'est ce que l'on comprendra facilement, si l'on prend comme exemple une société composée de 100 membres. Si 10 de ces membres s'adonnent à la construction de forteresses et d'édifices publics, les 90 autres seront évidemment obligés de sacrifier une partie de leur travail à l'entretien des 10 premiers. La majorité, par conséquent, sera obligée de travailler plus de jours et d'heures dans l'année, ou bien elle sera obligée de renoncer à une partie de ses avantages ou son épargne. Dans notre société qui compte 60 millions d'âmes, il existe la même relation entre le travail général et la partie de ce travail que le gouvernement détourne à son profit; bien que l'immensité des chiffres et les complications de l'organisme social ne nous permettent pas de voir aussi clairement les rapports entre les difficultés ou troubles financiers ou sociaux et leurs causes.

« J'ai pris pour exemple la construction de forteresses, non parce que je considère les forteresses comme inutiles, mais parce que je tiens à prouver que même les travaux les plus utiles entrepris par l'Etat ne constituent que des charges improductives écrasantes et gênantes pour le travail national ; que, par conséquent, tout impôt, quel que soit son objet, cause un préjudice à la population, dès qu'il dépasse les stricts besoins de l'administration et cela quel que soit l'emploi fait de ce supplément d'impôts.

Cette vérité se fait certainement jour même parmi les populations européennes. Mais en se répandant dans les masses incapables de discuter sans passion et de reconnaître les imperfections de l'organisme social, toujours portées en outre à attribuer ces impôts excessifs à la mauvaise volonté de l'un ou de l'autre, la conscience de l'exagération et de l'improductivité des impôts engendre l'état d'esprit que Heine a exprimé dans sa chanson des Tisserands silésiens : « Glissez, navettes; ouvriers, travaillez jour et nuit; c'est pour toi, vieille Allemagne, que nous travaillons, c'est ton linceul que nous tissons en te maudissant ! »

Dépenses de la guerre future et moyens de les couvrir. Si grandes que soient les dépenses imposées chaque année à tous les États européens par l'entretien de leurs armées et par leurs armements, c'est-à-dire par la guerre future, elles ne constitueront jamais qu'une faible partie des sacrifices pécuniaires qu'exigera la guerre elle-même. Ces frais ne peuvent être calculés que d'une façon approximative; mais le but de notre ouvrage nous oblige cependant à faire ce calcul.

La nouvelle organisation militaire, qui repose sur le service militaire universel et à court terme, n'a pas diminué — par rapport au passé — le nombre des soldats entretenus en temps de paix ; mais elle a donné un immense développement aux forces qui pourront être mises sur pied en temps de guerre. Actuellement, au cas d'une grande conflagration européenne, on doit s'attendre à voir marcher au combat des nations armées tout entières.

Si la guerre avait éclaté en 1896, les puissances eussent aligné les contingents armés suivants, en troupes actives et réserves de première ligne.

L'Allemagne	2.550.000 h.	La France	2.554.000 h.
L'Autriche-Hongrie	1.304.000	La Russie	2.800.000
L'Italie	1.281.000		
Total	5.135.000 h.	Total	5.354.000 h.

Les autres puissances ne restent pas en arrière en fait de préparatifs de guerre; elles augmentent sans cesse leurs armées. En 1896, ces puissances pouvaient mettre sur pied, en troupes actives et réserves de première ligne :

L'Angleterre	648.000 h.	Le Danemark	58.000 h.
La Turquie	1.008.000	La Serbie	153.000
La Belgique	134.000	La Suède et la Norvège	170.000
La Suisse	202.000	Le Monténégro	36.000
La Roumanie	169.000	La Bulgarie et la Roumélie	223.000

Voyons ce qu'il faudrait dépenser pour la mobilisation et l'entretien des forces des cinq grandes puissances européennes.

Indiquons les nouvelles conditions particulières dans lesquelles on combattra sur les théâtres de guerre européens et qui contribueront à augmenter les frais de la guerre future.

Avant tout, les munitions, — cela se comprend, — devront être envoyées aux armées de leurs pays respectifs, ce qui occasionnera des frais énormes.

Le fusil à tir rapide est coûteux par lui-même, mais les quantités de cartouches qu'il usera dépassent tout ce qu'on pouvait imaginer dans le passé. Il en sera de même des canons et des projectiles modernes. L'immense force numérique des armées et les propriétés meurtrières des armes modernes augmenteront sensiblement les frais des services de secours pour les malades et les blessés.

Une nouvelle catégorie de dépenses très importantes proviendra, en outre, de la préparation de l'outillage destiné à l'envahissement subit du territoire ennemi, au rétablissement des communications détruites, etc., car les ressources locales ne tarderont pas à s'épuiser.

Énormes seront aussi les besoins en provisions de bouche, qui augmenteront dans la même proportion que les armées; la grande demande de ces articles déterminera une forte hausse de leurs prix.

Il faudra bien faire venir ces vivres de chez soi. Une grande armée ne saurait subsister avec les ressources du pays ennemi qu'elle occupe, surtout durant les arrêts prolongés résultant de ce que la guerre future sera, principalement, une lutte pour les positions fortifiées qu'il faudra assiéger. Il ne s'agira donc pas seulement de vaincre l'ennemi sur les champs de bataille, mais aussi de mettre son adversaire dans l'impossibilité de se ravitailler et, par cela même, de continuer ses opérations stratégiques.

Ces immenses armées auront nécessairement — même dans le cas où leurs lignes d'opérations seraient courtes — des moyens de communication longs et compliqués, partant susceptibles d'être, par moment, forcés par les adversaires; elles ne pourront donc assurer leurs services de ravitaillement qu'au prix de grands efforts et de frais très considérables. Il est même permis de douter qu'elles y réussissent.

Avec les puissants explosifs actuels, avec les canons portant à de très grandes distances et la poudre sans fumée, avec les nombreux vélocipédistes enrôlés dans l'armée et les troupes entraînées de longue main pour la guerre de partisans, les lignes de communication seront souvent rompues et les transports fréquemment détruits. Chaque complication de ce genre occasionnera de nouvelles dépenses.

Les communications par mer seront interrompues dès le début de la guerre, ainsi que nous l'avons déjà maintes fois indiqué et plus spécialement démontré dans la partie de notre ouvrage consacrée à la guerre navale. Les contrées dépourvues de blé, et qui le font venir par mer, supporteront par conséquent, en dehors des frais de guerre, des surtaxes énormes résultant de l'approvisionnement en blé. Le froment, le seigle et l'avoine de production locale ne suffisent pas même pour six mois en Angleterre ni pour deux mois et demi en Italie; ils suffisent pour deux à trois mois en Allemagne et pour un mois en France. En Autriche-Hongrie, la production de céréales suffit aux besoins de l'Empire et la Russie exporte son excédent, qui constitue 21, 6 0/0 de sa récolte totale.

L'avoine récoltée dans le pays même suffit pour deux mois à deux mois et demi en Angleterre, pour un mois en France, en Italie et en Allemagne; l'Autriche en produit assez pour ses propres besoins et la Russie exporte 16, 7 0/0 de la quantité totale qu'elle récolte.

La grande demande de céréales en temps de guerre entraînera une forte hausse de leurs prix. Dans ces conditions, il sera parfois tout à fait impossible de remplacer les transports détruits ou enlevés par l'ennemi et ce sera, dans tous les cas, très coûteux. Stein calculait, — à une époque où les armées n'avaient que 1/5 de leurs effectifs actuels et où il n'était pas encore question de l'interruption des communications maritimes, — qu'en temps de guerre les vivres coûteraient le triple de ce qu'ils coûtent en temps de paix. Un autre auteur, Kottié, suppose que, même en Autriche, pays qui dispose d'un excédent de céréales, la hausse des prix atteindra 60, voire même 100 0/0 des prix ordinaires. Mais si la guerre devait, en réalité, durer aussi longtemps que le prédisent certains personnages très compétents (de Moltke et Leer), si elle se prolongeait pendant deux années, les prix des céréales s'élèveraient dans des proportions inouïes, par suite de la crise que subirait l'agriculture du fait de l'absence de la plupart des agriculteurs enrôlés sous les drapeaux.

Or, il y a des raisons sérieuses de douter que la guerre future se termine vite, malgré la perfection des armes. Les chemins de fer restreindront la période des opérations préliminaires; mais durant les marches, les manœuvres et les combats, on ne pourra utiliser les voies ferrées que dans des cas extrêmement rares : elles ne pourront jamais servir de lignes d'opérations. Les grandes masses qui entreront en ligne ne pourront se mouvoir que très lentement sur les chemins ordinaires.

Toutes les puissances se sont préparées pour la défense, car la force des canons et des fusils modernes, et la poudre sans fumée donnent un grand avantage à ceux qui se tiennent sur la défensive.

Les troupes ont appris à établir, sur le champ de bataille, des retranchements en terre qu'il ne sera pas toujours possible d'enlever par une attaque de front ou qu'on ne pourra emporter qu'au prix de très grands sacrifices ; il faudra donc recourir très souvent aux travaux de siège, lesquels demandent beaucoup de temps. La grande force numérique des armées aura, en outre, pour conséquence l'organisation de nouveaux points, voire même de nouvelles lignes de défense sur les derrières des troupes vaincues ; cela n'empêchera peut-être pas, mais en tout cas rendra extrêmement difficile la poursuite et la défaite définitive de l'ennemi battant en retraite.

Voilà pourquoi presque tous les auteurs sérieux qui se sont occupés de cette question présument que la guerre future durera longtemps.

« Admettons — dit de Moltke dans ses Mémoires — que ni la guerre de Cent ans, ni celle de Trente, ans ni même la guerre de Sept ans ne se renouvelleront pas ; il n'en est pas moins probable que la lutte pour l'existence politique, à laquelle participeront des millions d'hommes, ne se résoudra pas par quelques victoires. »

Et cela n'a pas été dit par un poète ni par un homme de lettres qu'on pourrait taxer d'exagération, mais bien par l'un des plus éminents stratèges et des plus grands capitaines des guerres passées.

En lisant tout ce que le maréchal de Moltke a dit et écrit, on ne peut manquer de remarquer combien il pesait toutes ses paroles et combien il évitait les phrases creuses. C'est pourquoi il importe de méditer ces paroles : « Admettons que ni la guerre de Cent ans, ni celle de Trente ans ni même la guerre de Sept ans ne se renouvelleront pas ». Il estime donc que l'orage futur ne se résoudra pas par quelques coups de tonnerre, mais que, selon toute probabilité, il se prolongera pendant des années entières.

Il faut prendre en considération que la Russie participera, sans aucun doute, à tout conflit armé européen ; dans ces conditions, la guerre ne pourra se terminer dans l'espace d'une seule année, mais il y faudra une série de campagnes.

Voici ce que dit dans la 5ᵉ édition de son ouvrage le général prussien très estimé von der Goltz. « Les ressources économiques prendront fin « avant que les forces armées soient épuisées, vu que les opérations en « France doivent forcément avoir un caractère traînant. Une guerre contre

« la Russie ne pourrait dans aucun cas se terminer en une campagne; il
« en faudra toujours plusieurs pour arriver à un résultat quelconque. *On*
« *peut prédire que les guerres ne pourront se terminer autrement que par*
« *la complète destruction* (Vernichtung) *de l'un ou l'épuisement entier des*
« *deux belligérants.* »

Lors de la guerre future, la hausse des prix sera plus considérable
qu'elle n'a été antérieurement; en voici les raisons : plus la différence est
grande entre les contingents entretenus en temps de paix et ceux mis sur
pied en temps de guerre, plus il est difficile de mobiliser l'armée et de lui
fournir tout ce dont elle a besoin. Sauf pour la cavalerie, cette différence
était moins grande autrefois.

Les régiments d'infanterie de l'armée active, qui seront doublés en cas
de guerre, devront compter sérieusement avec les besoins résultant de la
mobilisation; plus grandes encore seront les difficultés qu'on devra sur-
monter pour subvenir à tous les besoins de l'infanterie de réserve, dont la
force numérique augmente de cinq à dix fois en temps de mobilisation.
Les nouvelles parties de l'armée qu'on formera (les bataillons de réserve)
et les institutions qu'on créera de toutes pièces (les hôpitaux de campagne,
les convois, les parcs d'artillerie, etc.) se heurteront, peut-être, à des difficultés encore plus sérieuses.

Néanmoins mettant de côté toutes ces raisons de renchérissement, et
prenant pour base de calcul, les frais absolument réels que la dernière
grande guerre a coûtée, nous trouvons le résultat suivant :

Les dépenses extraordinaires, résultant, pour la Russie, de la situation
créée par la guerre de 1877 à 1878, ont été couvertes par des crédits spéciaux. Le total de ces crédits, ouverts depuis la fin de l'année 1876 jusqu'au
1er janvier 1880, s'est élevé à 1,021,032,000 roubles. Nous indiquons plus bas
comment ils se décomposent et, pour fournir une comparaison avec le
passé, nous donnons ici la répartition, faite par Galline, des dépenses
extraordinaires, c'est-à-dire en laissant de côté les dépenses ordinaires
prévues au budget.

Sommes payées en espèces aux soldats et officiers de
tous grades et de toutes administrations. R. 110 millions. c'est-à-dire 10,8 %

Fournitures pour l'armée, les hôpitaux
volants et les hôpitaux stables . . . . . . 123 —

Pour les provisions de bouche et l'entre-
tien des malades . . . . 248 — R. 501.891.300 c'est-à-dire 49,1 %

Pour les grains et les herbes fourragères. 130 —

Pour l'achat de chevaux. . . . . . . 19 — c'est-à-dire 1,9 %

Pour le transport d'objets et de vivres,

l'organisation des convois et l'entretien du service des transports. . . . . 101 millions.

Pour le transport des troupes en chemin de fer et pour les soldats et les officiers détachés en mission. . . . . 68 —

169.849.600 c'est-à-dire 16,6 %

Pour l'établissement de moyens de communication pour les armées (y compris la construction de chemins de fer en Roumanie et en Bulgarie) . . . . 55 —

c'est-à-dire 5,4 %

Pour compléter le matériel des forteresses : l'artillerie, les batteries et les parcs. 15 —

Pour la fabrication et l'achat d'armes. 16 —

Pour la confection des munitions d'armes à feu . . . . 17 —

Pour le remplacement des anciens canons par des canons à grande portée . . . 25 —

74.267.000 c'est-à-dire 7,3 %

Pour la mise en état de défense des forteresses et des frontières de l'Empire . . . 8 —

Pour la confection des objets nécessaires au génie, les frais de construction et autres résultant des opérations des armées en campagne . . . . 6 —

14.820.700 c'est-à-dire 1,5 %

Pour la préparation des approvisionnements pharmaceutiques, des objets nécessaires aux pansements, des médicaments et des instruments de chirurgie. . . . . . . 4 —

c'est-à-dire 0,4 %

Pour la construction, l'achat et la location de différents navires. . . . . 8 —

Pour les divers besoins de la flotte, en artillerie, en matériel d'administration et de construction . . . . 6 —

Pour la protection des ports de la Mer Noire, la préparation des torpilles, le placement des appareils de tir et d'éclairage sur les navires . . . . 4 —

19.502.700 c'est-à-dire 1,9 %

Pour la convocation des soldats et des miliciens, pour les détachements chargés de préparer les logements des troupes et pour la conduite des chevaux fournis par la population. . . . . 10 —

c'est-à-dire 1,1 %

Pour les frais extraordinaires des commandants en chef et autres officiers géné-

raux de l'armée, pour les dépenses imprévues, pour les gratifications et subventions
à différentes personnes et à différentes institutions et pour diverses dépenses éven   c'est-à-dire
tuelles de toutes les administrations. . .   40 millions.   4,0 %

Si nous prenons la force numérique des armées russes, dont l'entretien rentrait dans la catégorie des dépenses extraordinaires de l'État, et
qui a absorbé 1,021,032,000 roubles, nous pouvons calculer le coût moyen
de l'entretien d'un soldat durant la guerre de 1877-78.

Il résulte de calculs faits par nous que l'entretien d'un soldat revenait à 2 roubles 1/2 par jour.

Pendant la guerre future ces dépenses seront probablement plus considérables, par les raisons que nous avons indiquées plus haut. Une autre
circonstance contribuera peut-être à augmenter ces frais ; c'est que, dans
l'Europe centrale, le soldat est actuellement beaucoup mieux payé qu'antérieurement, et que, de nos jours, il demande à être mieux nourri, mieux
vêtu et logé que ne l'étaient les officiers et les soldats pendant la guerre
russo-turque.

Mais laissons de côté ces considérations et admettons, pour ne pas
être taxés d'exagération, que les frais de la guerre, en prenant pour base
l'entretien d'un soldat, s'élèvent seulement à 2 roubles 1/2, soit 10 francs par
jour.

Alors, les dépenses quotidiennes se seraient élevées, si la guerre avait
éclaté en 1896, à :

Pour l'Allemagne (pour 2.550.000 hommes). . . . . . 25.500.000 fr.
  —   l'Autriche (— 1.304.000 —). 13.040.000
  —   l'Italie (— 1.281.000 —). 12.810.000

              Total pour la Triple Alliance. . . . . . 51.350.000 fr.

Pour la France (pour 2.554.000 hommes). 25.540.000
  —   la Russie (— 2.800.000 —). 28.000.000

              Total pour la Double Alliance. . . . . . 53.540.000 fr.

Ensemble, les dépenses quotidiennes totales des cinq grandes puissances de l'Europe se seraient donc élevées à 104,890,000 francs.

Il est très probable qu'en réalité le chiffre de ces dépenses sera beaucoup plus élevé, les armées devront être ravitaillées non seulement avec
ce que leur fourniront les intendances, mais aussi avec les produits des
pays qu'elles occuperont. Or, la guerre de Crimée nous a montré combien les prix des vivres augmentent quand une armée reste longtemps sur
place. Les provisions de bouche ont atteint en Tauride des prix 10, 15, 16

et même 25 fois plus élevés qu'en temps normal,. le foin s'est vendu 16 ²/₃ fois plus cher qu'à l'ordinaire; les céréales, le bois de chauffage, les légumes, le lait et le charbon ont été 5, 6, 7, 8 et 9 fois plus chers qu'en temps de paix; le prix des objets manufacturés avait doublé et triplé, et les transports étaient devenus 5 et 7 fois ¹/₂ plus coûteux qu'avant la guerre.

En 1877, dans les provinces frontières du midi de la Russie, les prix doublèrent et triplèrent; ils augmentèrent même de la moitié et du double dans les gouvernements éloignés du théâtre de la guerre.

A l'avenir la situation sera, probablement, moins mauvaise, car les vivres seront envoyés par chemin de fer; mais on aurait tort de croire que tous les objets de ravitaillement puissent être transportés de cette manière, surtout le fourrage.

Dans toutes les guerres on a constaté, en outre, que la demande commença à augmenter et l'offre à diminuer dès que l'armée parut sur le théâtre des hostilités.

Les puissances auront à supporter d'autres charges encore. On appellera sous les drapeaux un grand nombre de réservistes qui vivent de leurs salaires; ces gens abandonneront leurs foyers sans y laisser de moyens d'existence. Les gouvernements seront, dès lors, forcés de servir des subventions aux familles de ces soldats. Il est bien difficile de déterminer exactement le nombre des familles qui ne pourront se passer de subventions. Nous croyons, cependant, pouvoir affirmer que les familles des soldats faisant partie de l'armée permanente n'auront pas besoin de ces secours pécuniers; les familles d'un certain nombre de réservistes seront aussi à l'abri du besoin, de sorte qu'on peut admettre qu'il faudra secourir : 25 0/0 des familles des réservistes appartenant à la classe agricole, 60 0/0 des familles dont les soutiens sont dans l'industrie ou font métier d'ouvrier, 40 0/0 des familles de commerçants, et 10 0/0 des familles de ceux qui poursuivent des carrières libérales.

Les secours distribués seront d'autant plus considérables dans une contrée que les familles y sont plus nombreuses, que leurs besoins sont plus développés et qu'il y a de meilleures raisons pour que les prix des vivres y haussent en temps de guerre. En tenant compte de toutes ces conditions, on peut admettre qu'il faudra donner quotidiennement à une famille : en Allemagne 2 fr. 50, en France 2 francs, en Autriche et en Italie 1 fr. 50 et en Russie 1 fr. 20.

Dans ce cas, les puissances dépenseront quotidiennement, en subventions servies aux familles indigentes :

En Allemagne, pour 783.000 familles.	1.957.500 fr.
En Autriche, pour 351.000 —	. . .	526.500
En Italie, pour 341.000 —	. . .	511.500
Total pour la Triple Alliance	2.995.500 fr.

En France, pour 659.000 familles . . . . 1.318.000 fr.
En Russie, pour 531.000 — 637.000

Total pour la Double Alliance . . . 1.955.200 fr.

Les cinq grandes puissances qui nous intéressent dépenseraient donc quotidiennement en subventions la somme globale de 4,950,700 francs.

Les sommes que nous avons données plus haut ne sont nullement exagérées : en face de la grande cherté de vivres qui ne manquera pas de se produire pendant la guerre future, les familles comprenant 4 à 5 personnes ne pourront suffire à leurs besoins, et les Gouvernements seront forcés de les aider dans la mesure que nous venons d'indiquer. Indépendamment de la crise économique générale, cette cherté sera portée à son comble par le discrédit du papier-monnaie que les gouvernements seront forcés d'émettre pour couvrir leurs dépenses et satisfaire d'autres exigences.

Si maintenant nous calculons les sommes dont chaque puissance aura besoin pour couvrir ses dépenses extraordinaires, déterminées par une guerre qui se prolongerait toute une année, et si nous ajoutons à ce total le chiffre des dépenses ordinaires, prévues dans le budget, nous obtiendrons la somme approximative globale indispensable pour soutenir une guerre pendant douze mois.

Voilà comment se présente le total probable des dépenses militaires des cinq puissances continentales européennes pour une guerre de la durée d'une année seulement. Mais outre les dépenses résultant de la guerre, voyons aussi celles que nécessitent les préparatifs à la guerre. En 1895 l'entretien de toutes les armées permanentes et des flottes coûta 5,249 millions de francs par an et l'on dépensa presque autant en paiement d'intérêts des dettes contractées en vue de la guerre, soit la somme de 5,249 millions. Donc, 56 0/0 des sommes payées par les nations (c'est-à-dire d'un total de 18,6 milliards de francs) sont affectés aux besoins des armées (28,1 0/0) et au paiement des intérêts des dettes publiques (27,9 0/0).

L'énormité de ces chiffres amène tout naturellement à se demander : Serait-il possible de réunir des ressources qui dépassent dans de telles proportions les revenus ordinaires des pays et quels résultats entraînera un effort aussi démesuré ?

Recherches des ressources nécessaires pour faire la guerre. Jadis, la vie suivait son train ordinaire en dehors des frontières du pays occupé par l'ennemi et jusque dans les régions non envahies de ce pays même.

Il n'en sera plus de même à l'avenir : des nations entières se réuniront sous les drapeaux et c'est la fleur de la population, c'est-à-dire l'ensemble des forces les plus aptes au travail productif, qu'on enverra combattre. Le mécanisme si compliqué de la vie nationale moderne se ressentira, par conséquent, beaucoup plus douloureusement de la guerre future qu'il ne s'était ressenti des guerres précédentes.

Par suite de la suppression des voies de communication ordinaires, de la diminution des demandes, et aussi des craintes que fera naître cet état de choses, les usines, les fabriques, les mines, et nombre d'ateliers industriels, sauf les branches de production indispensables à l'armée, seront forcés de suspendre leur travail. Du même coup les moyens d'existence diminueront et se feront de plus en plus rares. De cet ensemble de considérations, on est forcé de conclure que la guerre privera des millions d'hommes de leur pain quotidien.

Et pendant ce temps les prix des vivres augmenteront démesurément dans la plupart des pays, à cause du manque d'arrivages ; en outre, nombre de familles se verront tout à coup privées de moyens de subsistance, même du jour au lendemain. Car, grâce aux moyens de transport actuels les pères et leurs fils se verront subitement embarqués et, en quelques heures, transportés à de grandes distances.

Dans ces conditions on ne pourra plus compter sur une perception régulière des impôts ; les gouvernements seront, par conséquent, obligés de recourir à des moyens d'exception pour se procurer les fonds destinés à couvrir les dépenses occasionnées par la guerre et à subvenir aux autres besoins courants.

Les paroles du général Montécuculli qui disait que, « pour faire la guerre, il faut trois choses : 1° de l'argent ; 2° de l'argent ; et 3° de l'argent » s'appliqueront bien mieux encore aux guerres à venir, dont la préparation et la conduite absorberont, en effet, des sommes beaucoup plus considérables que les guerres du passé.

Pour faire face aux besoins immédiats de la guerre il faudra donc trouver des ressources exceptionnelles.

Les besoins extraordinaires, quelle que soit leur nature, ne pourront être couverts qu'avec l'argent disponible existant à un moment donné entre les mains de la population. D'autres richesses aussi grandes, quelques grandes qu'elles soient, ne pourront être réalisées.

Pour satisfaire leurs besoins économiques, les nations attirent à elles les capitaux étrangers de différentes manières, en temps de paix, mais en temps de guerre il leur sera impossible de contracter des emprunts ; elles ne seront donc pas en état de parfaire, au moyen de leurs capitaux disponibles, les sommes énormes que nécessitera la guerre.

Toutes les puissances seront forcées de recourir aux emprunts intérieurs, voire à l'émission de bons de payement, en d'autres termes : à l'émission de papier-monnaie.

Mais on aurait tort d'espérer que cette circonstance empêchera la guerre.

Tout en admettant que la guerre future amènera une tension des forces financières sans précédent, il ne faut pas croire que l'absence de grands capitaux, la faiblesse du crédit ou même le désordre momentané des finances puissent mettre les nations dans l'impossibilité absolue de faire la guerre.

En 1866 et en 1870, la Prusse aussi bien que la France, se virent forcées de faire des émissions de bons du Trésor et d'obligations à courte échéance et l'Autriche, qui a cependant tant de fois manqué à ses engagements financiers, a toujours trouvé des ressources pour faire la guerre.

Même la Turquie, dont les finances étaient entièrement désorganisées lors des dernières campagnes, n'a, cependant, jamais été contrainte à suspendre ses opérations militaires.

Bien que les frais de la guerre future doivent être, comme nous l'avons dit, six à huit fois plus considérables que par le passé, on n'éprouvera, au début, que peu de difficultés à les couvrir.

Mais on connaît trop bien les suites qu'entraînent, pour les intérêts économiques d'un pays, les émissions de papier - monnaie. Rappelons les magnifiques paroles prononcées par Mordvinoff après la guerre de 1812 (1) :

« Aucune injustice personnelle, aucune violation du droit général, si cruelles fussent-elles, ne peuvent affecter les esprits et les cœurs des sujets d'une manière aussi poignante que l'amertume provoquée par la dépréciation de l'argent. Quand la valeur de l'argent baisse, le guerrier murmure, le citoyen s'insurge, le juge se livre à des prévarications, la fidélité périclite, les bons procédés mutuels cessent de se produire; la décence, l'accord et les vertus font place à la dépravation, aux vices et aux passions débridées. En pourrait-il être autrement, quand la propriété de chacun diminue de jour en jour, quand les pauvres et les riches, les prodigues et les économes, les patients et les emportés, les hommes mariés et les célibataires sont voués à la même souffrance, quand tous voient approcher le spectre de la misère, de ce mal, d'autant moins supportable, qu'il n'est justifié par les actions de personne ? La transgression des limites à observer dans l'émission du papier-monnaie n'est autre chose, en définitive, qu'un détournement partiel et dissimulé du bien de chacun... Toutes les grandes révolutions ont été déterminées par le désordre des finances et par la négligence des gouvernements qui ne prenaient point de mesures pour réparer ce désordre dans les limites du possible. Quand les choses en sont là, tous les sujets se plaignent, ils murmurent et s'insurgent tous ensemble. »

____

(1) Voir notre ouvrage : *Les Finances de la Russie au XIXe siècle.*

Examinons et suivons d'un peu plus près les autres opérations ayant pour but d'obtenir les ressources nécessaires pour faire la guerre.

Le cours des titres et des papiers négociables s'effondrera tout d'un coup ; les titres engagés seront sujets à des ventes forcées et la réalisation aussi bien que le réengagement de ces papiers seront rendus très difficiles, sinon impossibles, par la différence entre le chiffre des sommes prêtées et celui que représenteront les cours réduits.

Les guerres précédentes elles-mêmes ne peuvent nous donner une idée de la crise qui résulterait d'un nouveau conflit armé. La guerre entre la Prusse et l'Autriche de 1866 fut de trop courte durée et les campagnes de 1870 et de 1877-1878 ne se sont pas étendues aux autres nations. Les sommes des transactions et des valeurs étaient, du reste, moins considérables et la circulation plus faible qu'ils ne le sont actuellement.

Comme nous l'avons montré, le cours des valeurs a baissé en 1870, à la Bourse de Berlin, dans la proportion de 20 0/0 pour les emprunts de l'État et des villes, et de 35 0/0 pour les actions industrielles et des compagnies de chemins de fer.

Même en admettant qu'au cours de la guerre future, les titres de rentes ne baissent pas plus qu'en 1870, les pertes des porteurs seront déjà très considérables.

Mais il est très probable que la baisse sera bien plus forte qu'en 1870. Quand, en temps ordinaire, elle commence à se produire par suite d'une offre très abondante, la demande s'éveille très souvent dans le public qui, la veille, était tout autrement disposé, ou bien chez les spéculateurs qui escomptent une hausse prochaine ; de sorte que la panique se trouve souvent enrayée. Tandis qu'au cours de la guerre future il ne se produira de demandes ni dans le public, ni de la part des spéculateurs ; ou, tout au moins, elle seront très limitées.

On ne saurait, d'autre part, compter sur des demandes venant des pays neutres ; car, avec eux, l'échange des valeurs ne sera guère possible, puisque les communications maritimes seront interrompues et celles du continent fort entravées.

Et quant aux pays entraînés dans le tourbillon de la guerre, les capitaux disponibles y seront de préférence placés dans les emprunts que cette guerre déterminera.

Représentons-nous ce qui se passera en temps de guerre et prenons pour exemple la France. D'après les calculs faits par Essart (1), sur les 23 milliards de francs qui constituent le revenu annuel de ce pays, 8 milliards sont dus aux capitaux et 15 au travail.

Là-dessus les impôts payés à l'État et autres charges publiques absor-

---

(1) Raffalovitch, *Le marché financier* en 1895-1896.

bent 4 milliards 1/2. La dette du gouvernement français s'élève à 26 milliards et les intérêts de cette somme se chiffrent par 811 millions.

En 1890, il existait, en fait de titres industriels français passibles de la taxe 3 0/0 :

> Actions, pour la somme de . . . . 636 millions.
> Obligations,   —   814   —
> Parts de fondateur   —   93   —

La valeur des titres industriels étrangers se chiffrait par 148 millions de francs.

On a placé en France des titres de rente étrangers pour la somme d'environ 20 milliards de francs, dont :

> De 5 à 6 milliards de titres russes.
> — 2 1/2 à 3   —   — espagnols.
> — 1 à 1 1/2   —   — italiens.
> — 2 à 2 1/2   —   — autrichiens.
> — 1 1/2 à 2   —   — turcs.
> — 2 1/2 à 3   —   — sud-américains.
> — 1 1/2 à 2   —   — divers européens et américains.

D'après cela, il est facile de prévoir quelles terribles perturbations la guerre amènerait en France.

On commencera par vendre les valeurs des pays avec lesquels on sera en guerre, c'est-à-dire celles de l'Autriche et de l'Italie. Mais les cours de ces titres, sur lesquels ne réagiront ni leurs gouvernements respectifs, ni la spéculation — car ce serait considéré comme une œuvre antipatriotique (1) — ne tarderont pas à baisser dans une telle mesure, par suite de l'étendue des offres, que leurs porteurs aimeront mieux guetter le moment favorable pour se procurer de l'argent en vendant des titres russes. Mais, comme en Angleterre et en Allemagne on vendra probablement aussi ces mêmes valeurs, de préférence aux valeurs autrichiennes et italiennes, leur cours tombera également très bas.

Dès lors, il ne restera plus qu'à vendre les valeurs de son propre pays.

On peut, par conséquent, s'attendre à un tel effondrement des cours au début de la guerre, que la conclusion de nouveaux emprunts d'État pour subvenir aux dépenses militaires se présentera comme très onéreuse et qu'en fin de compte on se contentera d'émettre du papier-monnaie. Plus

---

(1) Pendant la guerre franco-allemande, le banquier allemand Juterbork souscrivit à l'emprunt français. Il fut jugé de ce chef et condamné à une peine très sévère ; dans la suite Juterbork fut gracié. Cet exemple est très instructif.

tard, quand, par suite d'une émission trop considérable, la valeur de ce papier diminuera, alors, pour s'en défaire, le public recommencera à acheter des titres, dont le cours augmentera peut-être beaucoup; il se jettera surtout sur ceux qui seront garantis par des immeubles ou par des revenus non susceptibles d'être sérieusement éprouvés par la guerre.

Les conditions actuel.es sont, par conséquent, beaucoup moins favorables à la guerre que ne l'étaient celles des temps passés, et les conséquences économiques de la guerre seront autrement graves qu'auparavant. De même que beaucoup d'autres opérations, celles qui ont pour but de trouver des ressources pour faire la guerre rencontreront de nombreuses difficultés et les gouvernements qui ont des raisons de s'attendre à des mouvements révolutionnaires (non seulement politiques, mais aussi socialistes), ne sauraient manquer de compter avec les difficultés qui accompagneront ces soulèvements. La peur de la banqueroute, de la famine, de la misère hantera la société tout entière. Bien caractéristiques sont les observations de l'auteur socialiste Frédéric Engels sur ce sujet : « La guerre, si elle éclate, dit-il, entraînera inévitablement l'une des deux choses que voici : comme 20 millions d'hommes s'y rencontreront pour se combattre et s'exterminer mutuellement, et que, par suite, elle dépeuplera l'Europe dans une mesure beaucoup plus grande que les guerres précédentes, elle ne pourra qu'aboutir au triomphe complet du socialisme, ou bien à ébranler, tout au moins, l'ancien ordre de choses et à laisser après elle de telles ruines que le vieil état capitaliste ny' pourra survivre longtemps. »

Écoutons Neumark (1), un écrivain qui ne peut être suspecté de tendances socialistes. Il dit qu'une pareille paix n'est autre chose qu'une guerre déguisée. Cette situation, qui est passée à l'état chronique en Europe, pèse sur elle de deux manières : elle engloutit, d'une part, une grande partie des capitaux liquides, c'est-à-dire de l'ensemble des épargnes nationales, en les transformant en armements; et, d'autre part, elle empêche ces capitaux de contribuer au développement du commerce, de l'industrie, des agents de la productivité; elle empêche aussi les impôts de diminuer. Les préparatifs de guerre et les appréhensions qu'ils font naître sont aussi nuisibles et ruineux que la guerre elle-même.

Tous les militaires ne dédaignent pas ces difficultés.

Le général Iung (2) pense comme nous que les opérations de l'armée seront paralysées :

« La nouvelle répartition des impôts fonciers, dit-il, ainsi que des con-

----

(1) Alfred Neumark, *Les dettes publiques européennes.* — Paris, 1887.
(2) Général Iung, *La guerre et la société*, p. 260.

tributions à percevoir sur le commerce, sur les habitations, etc., l'attribu-
tion à l'État du droit de s'immiscer dans les affaires des institutions de
crédit et des syndicats industriels ; la facilité qui doit être apportée à la
transmission des propriétés foncières; la réglementation de la quantité des
billets émis par la Banque de France et qui ne sont garantis que par le
fonds de réserve; l'introduction de l'obligation d'acquérir de la rente d'État
au fur et à mesure que se font ses émissions; la détermination exacte des
relations entre les percepteurs des impôts, les directeurs des banques et
les chefs d'armée en temps de guerre; enfin, les mesures de précaution
à prévoir pour les opérations commerciales et économiques en général,
qui pourraient être troublées et suspendues du fait de la guerre : voilà les
problèmes qu'il faut d'abord résoudre, si l'on veut que les opérations de
l'armée ne soient pas paralysées et que les intérêts de ceux qui abandon-
nent tout pour se porter à la défense de la patrie soient garantis. Toutes questions à peine encore observées, et dont on n'a guère qu'ébauché l'étude. »

Les gouvernements auraient certainement dû depuis longtemps étudier cette question des ressources pour subvenir aux besoins de la prochaine guerre, et s'ils ne le font pas c'est qu'ils craignent d'aboutir à la
preuve indéniable qu'une guerre, tant soit peu prolongée, serait un danger
terrible pour la plupart des nations de l'Europe centrale. De même qu'un
médecin évite d'effrayer le malade par le diagnostic qu'il pourrait faire, de
même le militarisme aime mieux ne pas dissiper l'incertitude qui recouvre
la question.

Influence de la tactique et de l'organisation administrative sur l'approvisionnement des armées en vivres et en munitions.

Mais pour se rendre compte de ce que sera la guerre future, il faut
entreprendre encore d'autres études et notamment celle des principes
d'organisation de l'approvisionnement des armées. Ces principes se sont
modifiés concurremment avec les changements survenus dans la compo-
sition des troupes et dans leur armement.

L'énormité des armées modernes et la complexité de leur armement
donnent une importance toute particulière, et sans exemple, à l'organisation régulière de l'approvisionnement des troupes en vivres et munitions.
Assurer ses propres approvisionnements et gêner ceux de l'ennemi semble
constituer l'axe même autour duquel tourneront nécessairement toutes les
combinaisons stratégiques et les mouvements des troupes sur le théâtre
des hostilités.

L'appel sous les drapeaux de presque toute la population civile capable
de porter les armes, c'est-à-dire d'hommes qui n'auront plus la pratique
de la vie militaire et seront en général habitués à une meilleure nourriture
que celle qu'il sera possible de leur donner à la guerre, — voilà qui com-
pliquera notablement le mécanisme même de l'alimentation des armées.

En outre, les armes actuelles agissant à de grandes distances et pouvant, en une minute, lancer autant de projectiles qu'on en consommait
jadis au cours d'une campagne entière, exigeront de bien autres quantités
de munitions qu'autrefois. Avec l'énormité des armées et les longs séjours
probables qu'elles feront dans des camps — établis, tant devant les passages fortifiés des frontières que devant les autres lignes de défense de
l'ennemi, — les ressources locales des habitants s'épuiseront vite. La constitution d'approvisionnements, au moyen de vivres amenés de très loin,
prendra dès lors une importance considérable et présentera des difficultés
comme on n'en avait encore jamais rencontré jusqu'ici.

Nourrir les troupes et leur fournir les moyens de combattre, c'était
chose relativement facile à l'époque où la baïonnette jouait le principal
rôle, où les armées n'étaient pas nombreuses, ni les champs de bataille
plus étendus que le terrain de manœuvres actuel d'une brigade.

Mais déjà, en 1870, de grandes forces prirent part aux batailles. Ainsi,
dès le mois d'août de cette année, les Allemands avaient 430,000 hommes
en campagne. A Saint-Privat, ce furent deux masses d'environ 180,000 hommes chacune, qui luttèrent l'une contre l'autre sur un front de 18 kilomètres, — front si étendu que de Moltke n'apprit que le lendemain le succès
des opérations de la garde prussienne.

Qu'arrivera-t-il dans la guerre future?

Le général Leer suppose que l'effectif des troupes d'un seul parti, opérant sur un seul théâtre de guerre, pourra atteindre, en y comprenant les
services accessoires, le chiffre énorme de 1,200,000 hommes. Cette masse
devra se subdiviser en cinq armées distinctes, de 240,000 hommes d'effectif,
et dont chacune aura un front de 16 kilomètres sur une profondeur double.

Déjà nous avons suffisamment expliqué jusqu'à quel point le perfectionnement des armes avait rendu dangereuse l'attaque des positions fortifiées. D'où un accroissement de l'importance stratégique des fortifications,
et la conviction générale que les opérations de la guerre future consisteront
surtout dans l'attaque et la défense d'ouvrages fortifiés. Partout on a organisé des systèmes complets de travaux défensifs dans les régions frontières
et sur les principales routes de pénétration à l'intérieur du territoire; de
sorte que, selon toute vraisemblance, la lutte aura lieu sur un terrain
préparé d'avance pour la soutenir.

Puis des fortifications s'élèveront sur les champs de bataille eux-
mêmes. Actuellement, dans toutes les armées, les soldats sont exercés à
construire de légers retranchements de campagne à l'aide des outils de
pionnier dont ils sont pourvus. Il suffit ainsi de quelques trentaines de
minutes pour établir tout un réseau d'abris au moins commencés et qui,
plus tard, en cas de besoin, peuvent être renforcés et complétés de façon
à constituer une solide défense. Mais même dans leur premier état, ces

abris assurent au défenseur une supériorité énorme, et l'assaillant devra éprouver de si grandes pertes en les attaquant qu'il ne pourra briser du premier choc la résistance ainsi opposée.

Et, d'autre part, les chefs d'armées devront à l'avenir compter plus que jamais avec les pertes, ne fût-ce qu'en raison de l'agitation contre la guerre répandue par les socialistes dans les pays de l'Ouest. On en a eu récemment un exemple édifiant en Italie, quand, par suite des pertes éprouvées en Abyssinie, il fallut, lors de l'embarquement de nouvelles troupes, recourir à des mesures spéciales pour empêcher la désertion, qui prenait des proportions considérables. L'importance des pertes, causées avant tout par le perfectionnement des armes, sera attribuée à l'ignorance et même à la mauvaise volonté des chefs.

Ce même perfectionnement des armes donne une telle supériorité à la défense qu'il sera très difficile de se rendre maître de tout le système des fortifications établies dans la région frontière, ou en arrière d'elle, sous la forme d'une seconde et d'une troisième ligne de protection. Là encore, la question des approvisionnements se présentera au premier plan. Pour l'armée de siège, concentrée sur un même point, il faudra amener de loin tout ce qui lui sera nécessaire. Nécessité semblable a, de tout temps, constitué un grand danger pour les armées, l'ennemi pouvant empêcher l'arrivage régulier des convois, en opérant sur les communications. L'illustre cardinal de Richelieu a écrit : « L'histoire offre plus d'exemples d'armées ayant péri faute de vivres et de discipline que par les armes de l'ennemi, et je puis certifier que toutes les campagnes entreprises de mon temps n'ont échoué qu'à cause de cela (1). » Il va de soi que pour les grandes armées modernes, ce danger s'est encore augmenté.

D'un autre côté, l'assaillant, songeant à l'énormité des pertes qu'il devra supporter pour se rendre maître, après une série de combats, de tout le système des fortifications établi sur un terrain donné, préférera, autant que possible, opérer sur les communications des défenseurs, pour les contraindre par la famine à se rendre, — comme on amena Metz et Paris à capituler.

Ce même calcul sur l'insuffisance des vivres de l'ennemi peut s'appliquer non seulement à la conquête d'un point fortifié quelconque ou d'une certaine localité, mais encore dans le sens plus large d'un plan stratégique général. Le fait est qu'au point de vue de l'approvisionnement des armées, lors de l'interruption des communications commerciales par la guerre, les différents États de l'Europe se trouveront dans des conditions essentiellement différentes.

---

(1) *Journal des Sciences militaires* : « Principes généraux des plans de campagne. » (Testament politique du cardinal de Richelieu.)

En Russie et en Autriche, la guerre amènera, avec la suppression des exportations, un excédent de blé; en Allemagne, en France, en Italie, de l'arrêt des importations résultera, au contraire, un déficit énorme dans les ressources d'alimentation de la population — déficit qu'on ne pourra combler par aucun moyen et à aucun prix.

En Allemagne, comme nous l'avons dit plus haut, la récolte annuelle de blé laisse un déficit de deux ou trois mois de nourriture, et celle d'avoine en laisse un de 18 à 30 jours; en France, il manque du blé pour un mois, de l'avoine pour 20 à 40 jours; en Italie, le blé manque pour deux mois et demi, et l'avoine pour 8 à 38 jours.

Par suite de l'insuffisance de la récolte et de l'éventualité de la famine, les prix du blé, dans les Etats dont il s'agit, monteront fortement aussitôt après la déclaration de guerre, et l'administration militaire aura beaucoup de peine à se procurer les vivres dont elle aura besoin; d'autant qu'elle peut rencontrer, chez la population dont l'existence ne sera pas assurée, du mécontentement et même une résistance directe à ses achats.

Lors des guerres passées, il s'est produit dans le service d'alimentation des armées beaucoup d'insuffisance et d'irrégularités, en Italie et en Russie; mais dans l'armée prussienne ce service a fonctionné parfaitement, et, dans l'armée autrichienne d'une manière satisfaisante.

Et quoique, sous ce rapport, les succès de l'armée allemande en 1870 aient été favorisés par des circonstances heureuses qu'on ne peut guère compter voir se reproduire, il n'en est pas moins très naturel, tant les hommes aiment à s'illusionner, que les armées allemande et autrichienne, — qui se considèrent comme les mieux garanties au point de vue de l'alimentation, fassent tous leurs efforts pour désorganiser le service des vivres chez leurs adversaires, c'est-à-dire pour atteindre ceux-ci dans ce qui paraît être leur côté le plus faible.

Mais il ne sera pas bien difficile d'entraver l'arrivage régulier des approvisionnements. La longue portée et la précision des fusils actuels, avec l'absence de fumée de leurs coups, faciliteront les opérations des détachements de partisans: et il est très probable que ces détachements joueront un rôle considérable dans la guerre future. Les Allemands, d'après ce qui s'est passé en 1870, sont convaincus que, dans leur armée plus que dans toute autre, les officiers sont doués d'initiative et de savoir-faire et qu'il en résultera, pour les troupes allemandes, une supériorité très importante sur les troupes françaises et russes dans la guerre de partisans.

Or, le principal but des opérations de partisans, c'est de couper les communications de l'ennemi. Pour l'arrivage régulier des vivres et des munitions, on ne peut compter que sur les chemins de fer. Mais en temps de guerre, il est facile de faire subir aux voies ferrées des dégradations susceptibles d'entraîner des interruptions plus ou moins longues du trafic;

ce qui peut même amener une situation pire que du temps où toute l'organisation des communications reposait sur la circulation par les routes ordinaires.

Ces routes qui servaient autrefois de voies de transport n'avaient presque rien d'artificiel. Leur caractère (courbes, montées, descentes, etc.) n'était déterminé que par les modifications de la forme du terrain, et, en elles-mêmes, elles étaient invulnérables. Sur toute leur étendue, il n'y avait d'exposés à la destruction que de petits ouvrages d'art, tels que ponts, remblais, etc. Les chemins de fer sont au contraire artificiels d'un bout à l'autre. Leur établissement demande beaucoup de temps, de travail et d'argent, et cependant il suffit d'une seule cartouche de dynamite pour détruire la voie sur un point, et interrompre pendant longtemps le mouvement régulier sur toute une ligne.

Nous donnons ici l'opinion émise à ce sujet par un écrivain militaire russe (1) : « C'est un problème très dificile à résoudre, que d'assurer la garde d'une voie ferrée et de toutes ses installations. Il ne saurait être question de l'occuper matériellement sur toute sa longueur, parce que cela exigerait une dépense exagérée de troupes ; d'autre part, des postes trop faibles et trop éloignés les uns des autres, ne garantissent pas la voie et seront facilement enlevés par l'ennemi.

« L'histoire militaire confirme pleinement cette opinion ; il suffit de rappeler les raids de Stonemann, de Morgan, de Grirson en 1862-64, les ponts que firent sauter les Français à Fontenoy, Buffon, La Roche en 1870-71, comme aussi la destruction par les Allemands du chemin de fer près d'Orléans. »

Mais, autrefois, ce n'étaient là que des épisodes accidentels, tandis que maintenant les attaques dirigées sur les communications de l'ennemi seront élevées à la hauteur d'un principe fondamental ; et dans toutes les armées, c'est la cavalerie entière, sans parler de détachements spéciaux, qu'on chargera de ces incursions dévastatrices. Dès la première minute de la déclaration de guerre, des corps volants s'élanceront de tous côtés et menaceront les derrières de l'ennemi, détruisant chemins de fer et télégraphes, saccageant dépôts et magasins. Et cette tactique continuera d'être appliquée pendant toute la durée de la guerre.

Avec la longue portée et la précision des armes actuelles, l'absence de fumée ne pouvant trahir leur présence, il sera bien difficile de protéger les convois qui suivront les routes ordinaires. Leur fournir des escortes nombreuses est impossible sans affaiblir notablement l'armée, et, avec une faible escorte, on n'atteindra pas le but. Même la plus soigneuse protection

---

(1) Klembovsky, *Partisanshia déïstvia* (Les opérations des partisans).

des voies de l'arrière ne les mettra pas à l'abri des attaques imprévues de tirailleurs isolés et de petits détachements. En un mot, les derrières d'une armée seront pour elle comme le talon d'Achille. Les combinaisons militaires se résumeront dans l'organisation de mouvements ayant pour but de couper l'armée ennemie de ses lignes de communication et de sa base d'opérations.

En Allemagne, aux grandes manœuvres, on s'occupe tout spécialement d'études de ce genre et les officiers sont notés avec soin, quant à leur aptitude à diriger éventuellement des corps de partisans.

Mais, sans doute, le défenseur prendra lui aussi des mesures pour paralyser les tentatives de l'ennemi; et, comme conséquence de ces efforts mutuels, se produiront des rencontres accidentelles fréquentes entre les détachements opposés. Avec la puissance destructive du feu de mousqueterie actuelle, une troupe ennemie, attaquée à l'improviste, subira certainement de grandes pertes ou pourra même être détruite. Sous ce rapport, la situation de l'armée russe est particulièrement avantageuse, en raison de ses nombreux régiments cosaques si bien préparés à une guerre de ce genre.

Ainsi, comme résultat général, à l'heure actuelle, avec l'énormité des armées et la probabilité de leurs longs stationnements devant les passages fortifiés des frontières et les lignes de défense intérieures de l'ennemi, la question de l'alimentation et du logement des troupes présentera des complications que jusqu'ici l'on n'avait jamais rencontrées, — chez les uns par suite de l'impossibilité de se procurer et de leur envoyer ce qui leur sera nécessaire, — chez d'autres en raison des désordres économiques qui se manifesteront. Le risque de l'insuffisance des vivres constituera en tous cas, dans les guerres future, le plus grave de tous les dangers; car il aura pour conséquences la famine, les maladies et l'affaiblissement de la discipline.

Dans l'armée russe, comme l'ont montré les guerres précédentes, le service des approvisionnements a toujours été le côté faible. Les troupes russes se mettaient ordinairement en campagne avec des forces et des ressources insuffisantes; et c'était seulement après constatation des fautes commises dans ce sens, qu'on prenait les mesures convenables pour atteindre le but.

Mais le ministère de la guerre a manifesté, dans ces derniers temps, une sollicitude toute particulière pour assurer à l'avenir les ressources nécessaires; et comme la Russie dispose d'un excédent de blé, on peut compter que, dans une guerre défensive, les vivres ne feront pas défaut. Tout autrement peut se présenter la situation dans une guerre offensive, surtout si les troupes devaient marcher sur les traces d'une armée ennemie battant en retraite, c'est-à-dire parcourir un territoire dont les ressources seraient déjà épuisées.

On peut dire, sans exagérer, qu'en présence des immenses armées modernes et des stationnements prolongés qu'elles devront faire, devant les places fortifiées qui ferment les frontières ainsi que devant les autres lignes de défense de l'ennemi, la question du ravitaillement et de la répartition des troupes sera chose très compliquée : — pour les uns à cause de la difficulté qu'ils auront à se procurer le nécessaire, pour les autres à cause du désordre régnant dans leur administration.

Le risque résultant de l'insuffisance de vivres sera certainement le plus terrible des dangers auxquels pourra être exposée une armée, car il entraînera la famine, les maladies et le relâchement de la discipline.

De tout ce que nous avons dit, il appert que la guerre future se distinguera des guerres passées par bien des côtés; les perturbations économiques seront infiniment plus grandes, le manque des ressources financières et économiques déterminera en fin de compte la banqueroute des belligérants et l'approvisionnement de l'armée en vivres et en munitions de guerre, la façon de distribuer les troupes dans le pays et de les cantonner, l'effectif des armées, et la tactique enfin, présenteront de telles difficultés que les pertes en hommes seront immenses, non seulement par suite des combats, mais surtout à cause de la famine et des maladies.

Le proverbe dit : « Ventre affamé n'a pas d'oreilles »; par conséquent il est bien probable que le manque de discipline s'ajoutera aux fléaux que nous mentionnons plus haut.

Par conséquent, la guerre serait dans les conditions actuelles un acte de la plus haute témérité, et on est en droit de se demander :

Pourquoi les peuples se préparent-ils à cette lutte de Titans, dont les résultats, en définitive, vu les conditions absolument nouvelles de la guerre, ne seront jamais que chimériques ? Pourquoi les gouvernements des grandes puissances européennes mettent-ils tant d'ardeur à augmenter les armements dangereux, façonnés avec le produit du labeur ardu de tant de besoigneux, et dont l'éclatement final menace de les faire voler en éclats ?

Paris. — Imp. Paul DUPONT (Cl.) 544.5.99.

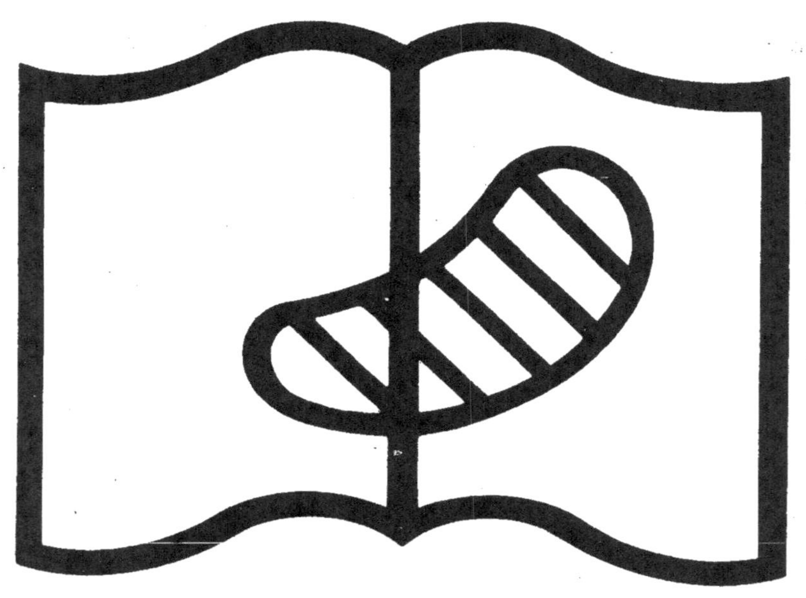

Original illisible

NF Z 43-120-10

Contraste insuffisant

NF Z 43-120-14

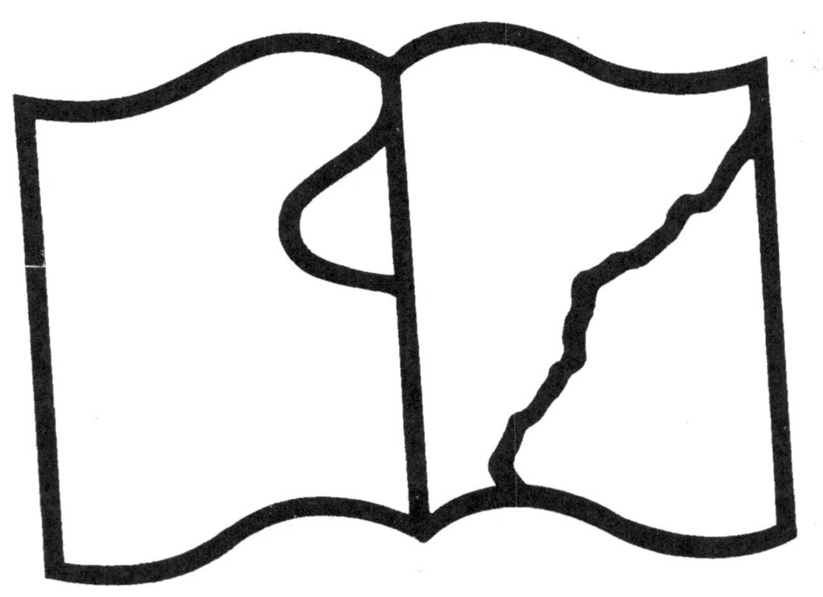

Texte détérioré — reliure défectueuse

NF Z 43-120-11